Wein

Fiona Sims

p

Für Mark und Birdy

Parragon
Queen Street House
4 Queen Street
Bath BA1 1HE, UK

Übersetzung: Alois Oechsle, München
Lektorat: Nazire Ergün, Köln
Projektkoordination: Antje Seidel, Köln

ISBN 1-40541-320-4

Printed in China

Konzept und Realisation: The Bridgewater Book Company Ltd

Inhalt

Einleitung

Weingenuss ist nicht mehr das Vorrecht einer Elite. Wein ist klassenlos, jeder kann ihn sich leisten und im Geschäft um die Ecke kaufen. Und wem haben wir das zu verdanken? Natürlich uns selbst, den Weintrinkern, die bereit sind, Neues auszuprobieren, und so die Weinmacher anspornen und die Geschehnisse auf dem Markt mitbestimmen.

Die Welt des Weinfreundes kennt kaum Grenzen. Noch nie gab es eine so große Auswahl in Supermärkten und Weinhandlungen. Sie wächst von Jahr zu Jahr, und das bei vernünftigen Preisen. Selbst für wenig Geld findet man eine Menge trinkbarer Weine. Wirklich schlechten Wein gibt es glücklicherweise kaum noch.

Und zu all dem bestätigen Wissenschaftler, was schon die alten Griechen wussten: Wein in Maßen genossen dient der Gesundheit.

In den letzten zehn Jahren hat sich einiges getan. Zum Beispiel in Australien, das Ende der 1980er Jahre erstmals mit eigenen Weinen bei uns auf den Markt kam. Bis dahin endete unsere Weinwelt praktisch an den Grenzen Europas. Wir tranken Wein aus Deutschland, Frankreich und Italien. Heute gehören die Weine aus der Neuen Welt ganz selbstverständlich zu unserer Auswahl. In dieser neuen Weinwelt geben nicht Châteaux oder Gemeinden den Ton an, hier dominieren die Rebsorten, was zählt, sind Geschmack und Name der Traube. Ausgestattet mit glänzenden Edelstahlgeräten und modernsten Erkenntnissen machen die Produzenten in Übersee dynamische, saftige, früh trinkreife Weine, und ihre Etikettensprache versteht jeder.

Auch die Alte Welt ist aufgewacht und hat realisiert, dass die überlieferten Methoden nicht immer die besten sind. Die nachrückende Winzergeneration entrümpelt die Keller, installiert Edelstahltanks und produziert Weine, die bereits jung trinkbar sind und nicht erst Jahre reifen müssen. Sie ist offen für Anregung und Kritik, pflegt den Austausch von Ideen und bereist andere Regionen und Kontinente.

Man weiß heute viel mehr über den Weinbau und die Reifung der Trauben, und man hat gelernt, auch aus problematischen Jahrgängen anständige Weine zu machen. Die Wissenschaft liefert neue Erkenntnisse zur gezielten Beeinflussung der Traubeninhaltsstoffe, wie Zucker, Säure, Tannin, Farbe und Aromen, und zu deren Umwandlung in Wein.

Einige konservative Kritiker warnen zwar, dass irgendwann alle Weine gleich schmecken werden, doch die modernen Verfahren erlauben den Produzenten, das Bestmögliche aus ihren Trauben und ihrem Rebland herauszuholen. Die geschicktesten Winzer bringen in ihren Weinen sogar die subtilen Eigenheiten eines Weinbergs oder gar einer Parzelle zum Ausdruck.

Das soll nicht abschrecken, sondern im Gegenteil zur Beschäftigung mit Wein ermuntern. Mit dem Wissen stellt sich auch das nötige Selbstvertrauen ein, um solche Unterschiede zu erschmecken.

Und genau da setzt diese Einführung in den Wein ein. Das Buch wurde für Weininteressierte geschrieben, die gerade die ersten Schritte in die Weinwelt wagen und nach Basisinformationen suchen. Es wird Sie durch das Weinangebot in Supermärkten und Weinhandlungen geleiten sowie bei der Auswahl und Bestellung von Wein im Restaurant behilflich sein.

Wir beginnen mit der Degustation, der Weinprobe. Das Buch zeigt Ihnen, wie man Wein richtig probiert, und stellt Ihnen die verschiedenen Rebsorten und Weinstile mit ihren typischen Weinen vor.

Auch auf die Fragen, welcher Wein bei einer Hochzeitsfeier serviert werden kann, was man am besten zu einer fertig gekauften Pizza trinkt, wie sich Wein mit schwierigen Zutaten wie Zitronen verträgt, hat dieses Buch eine Antwort. Und die Einkaufstipps – vom Weinhändler bis zum Internet – werden gleich mitgeliefert.

Sie erfahren ganz praktische Dinge, welche Gläser sich eignen und welche nicht, wie man ein Etikett liest und wie man einen fehlerhaften Wein erkennt. Damit Ihre frisch einkaufte Flasche nicht durch unsachgemäße Lagerung – wie zum Beispiel in der warmen Küche – leidet, finden Sie Hinweise zur richtigen Lagerung von Wein.

Eine Rundreise durch die Weinwelt zeigt, welch unterschiedliche Weine es gibt und wo welche Rebsorten angebaut werden. Sie lernen die oft etwas verwirrenden Qualitätsabstufungen der europäischen Weinländer kennen.

Und zum Schluss werfen wir einen Blick auf das Innenleben einer modernen Weinkellerei. Wenn man weiß, wie Wein gemacht wird, kann man ihn noch mehr genießen.

Mit jedem neuen Wein, den man probiert, lernt man dazu. Greifen Sie nicht immer zu den gleichen Weinen, entdecken Sie neue.

Rebsorten & Weinstile

Bei der Wahl eines Weins denkt man zuallererst an einen bestimmten Geschmack. Und der wird ganz wesentlich von der Rebsorte bestimmt. Es gibt Hunderte verschiedener Rebsorten, doch hier sollen nur die wichtigsten, denen wir beim Weinkauf gewöhnlich begegnen, vorgestellt werden. Zuvor aber ein kleiner Lehrgang in Weinverkostung. Sie werden sehen, das vielleicht etwas merkwürdige Schwenken, Schnüffeln, Saugen und Spucken der Weinprofis hat seinen Sinn.

Weinprobe

Je mehr Weine Sie probieren, umso mehr entwickelt sich Ihr Geschmack. Wichtig ist, wie Sie verkosten. Das seltsame Geschlürfe, das man bei Weinproben erlebt, mag rätselhaft erscheinen, ist es aber nicht. Schwenken, schnüffeln und spucken, das ist wichtig. Warum das Glas schwenken? Auf was soll man achten? Was bedeutet Tannin? Was heißt Säure?

Zunächst füllt man das Glas zu einem Drittel. Betrachten Sie den Inhalt genau. Etwas geneigt vor einen weißen Hintergrund oder gegen das Tageslicht gehalten, erkennen Sie gut die Farbabstufungen von der Mitte zum Rand. Ältere Rotweine werden am Rand blasser, gelblich-bräunlich. Rotweine aus heißen Klimazonen und kräftige Sorten haben die dunkelste und intensivste Rotfärbung.

Jetzt schwenken Sie das Glas und lassen den Wein kreisen, damit die Aromen freigesetzt werden. Stecken Sie Ihre Nase tief ins Glas und inhalieren Sie langsam. Die ersten Eindrücke sind besonders intensiv, denn nach wenigen Zügen sind die Sinne ermüdet. Ein erfahrener Verkoster kann vieles nur durch Riechen erkennen: die Rebsorte, vielleicht sogar die Herkunft. Auch ein Novize wird rasch die charakteristischen Aromen der Sorten identifizieren lernen.

Verbinden Sie die Aromen beim Einatmen mit Ihnen bekannten Gerüchen. Das muss man etwas üben, doch bald riecht man warmen Kakao, frisch gemähtes Gras oder Pfirsich. Es macht nichts, wenn nur Sie alleine ein bestimmtes Aroma ausmachen, jeder hat sein eigenes Bezugssystem für Aromen, das gehört mit zum Spaß.

Nun probieren Sie. Nehmen Sie einen guten Schluck und rollen Sie den Wein im Mund. Das seltsame Schlürfgeräusch entsteht, wenn Sie versuchen, jeden Teil Ihrer Zunge mit dem Wein zu benetzen. Süß wird an der Spitze, salzig etwas dahinter, Säure an den Rändern und bitter ganz hinten geschmeckt. Achten Sie auf Säure, Süße oder Rauheit. Durch die Lippen eingezogene Luft setzt Aromen und Düfte frei. Jetzt kauen Sie den Wein und notieren Ihre ersten Eindrücke. Manche Aromen sind eindeutiger als andere, Sie müssen ja nicht gleich einen ganzen Garten voller Fruchtaromen entdecken.

links Das Glas wird nur zu einem Drittel gefüllt, damit man alle Düfte inhalieren kann.

oben Nehmen Sie einen Schluck und kauen Sie den Wein im Mund, damit er alle Bereiche der Zunge erreicht.

Achten Sie auf die Schwere des Weins. Ist er leicht, mittel oder üppig schwer? Ist er ausgewogen? Wie viel Säure, Alkohol, Fruchtaromen oder Tannin hat er? Ist er trocken oder süß? Dann können Sie ihn schlucken oder ausspucken, wenn Sie noch viele Proben vor sich haben. Verbleiben noch Aromen im Mund, spricht man vom Abgang oder von der Länge des Weins. Hat er Ihnen geschmeckt?

Kriterien der Weinprobe

Säure

Lässt den Wein frisch und knackig schmecken. Zu viel, und er wird scharf und bitter. Zu wenig, und er ist flach, langweilig und fad.

Alkohol

Ist in jedem Wein vorhanden, doch je höher der Alkoholgehalt, umso runder fühlt sich der Wein im Mund an. Wird er nicht durch ausreichend Frucht und Tannin ausbalanciert, schmeckt er scharf und beißend.

Trocken/süß

Bezeichnet den Gehalt an natürlichem Zucker im Wein. Süße verlangt nach einer angemessenen Säure. Verwechseln Sie trocken nicht mit sauer, ein sehr trockener Wein kann relativ wenig Säure haben.

Frucht

Lassen Sie Ihrer Fantasie freien Lauf und wundern Sie sich nicht, Wein schmeckt und riecht nicht nach Trauben. Dafür findet man unzählige Früchte, Schokolade, Tabak, Nüsse oder sogar gärenden Brotteig.

Tannin

Verursacht das pelzige, austrocknende Gefühl, das man nach einem Schluck jungen Rotweins im Mund hat. Der Gerbstoff stammt von Stängeln, Kernen und Schalen der Trauben. Tannin gibt dem Wein Gewicht und wird mit der Zeit weicher.

Klassische Weißweintrauben

links Weine aus der Chardonnay-Traube stehen ganz oben in der Gunst der Konsumenten. Die Rebe wächst im heißen Kalifornien ebenso prächtig wie in ihrer kühlen Heimat in Nordfrankreich.

Chardonnay

Diesen Namen kennt jeder Weintrinker, doch verbinden nicht viele damit eine Rebsorte. Es ist genau die Rebsorte, aus der der Chablis, einer der bekanntesten Weine, gemacht wird.

Verbreitung

Die Chardonnay-Traube hat mit unaufhaltsamem Erfolg die Welt erobert. Fast überall, wo sie wächst, liefert diese Rebe gute Weine. Nur Portugal scheint der Chardonnay-Rebe widerstanden zu haben. In den USA ist Chardonnay inzwischen ein Synonym für Weißwein geworden, und in Australien dominiert ein üppiger, vordergründiger Chardonnay-Stil in der Weinindustrie.

Geschmack

Gelungene Chardonnay-Weine offenbaren Düfte von Nüssen, Butter, Toast und Pilzen und den Geschmack von Apfel, Pfirsich, Limone und Melone. Die Düfte finden sich auch als buttrige, sahnige und nussige Nuancen im Geschmack wieder. Die Rebsorte ist problemlos überall zu kultivieren. Sie fühlt sich im kühlen Klima des heimatlichen Burgund genauso wohl wie an der warmen Central Coast in Kalifornien.

Chardonnay liebt Eichenholz. Durch Kontakt mit Eiche (im Barrique-Fass oder mit Eichenholzspänen) erzielt man beim Chardonnay-Wein eine Geschmacksfülle wie bei einem klassischen weißen Burgunder, nur benötigt dieser Jahre der Reifung.

Grundsätzlich eignet sich Chardonnay zwar zum Verschnitt mit anderen neutralen Sorten, aber die großen Chardonnay-Weine sind alle sortenrein ausgebaut.

Sauvignon Blanc

Sancerre, Pouilly-Fumé und Fumé Blanc sind verlässliche Posten auf den Weinkarten eleganter Weinlokale von San Francisco bis Berlin. Sie alle werden aus der Rebsorte Sauvignon Blanc erzeugt.

Verbreitung

Seit Jahrhunderten baut man diesen Klassiker an der Gironde und im Loire-Tal an. Doch erst in den letzten 20 Jahren begann der weltweite Siegeszug der Sauvignon-Blanc-Traube. Für die köstlichen, süßen Sauternes- und Barsac-Weine wird die Traube mit Sémillon verschnitten. Auch wenn sich die Weine unterscheiden, die Rebsorte ist leicht zu erkennen.

Geschmack

Stachelbeeraroma mit frischer Säure und unnachahmlichem Mineralton, so beschreibt man den Sauvignon-Blanc-Wein oft, auch im neuseeländischen Marlborough, wo die Sauvignon-Blanc-Traube bestens gedeiht. In wärmeren Regionen, wie Kalifornien, Chile und Australien, tendiert die Rebsorte zu weichen und sahnigen, teilweise etwas faden Weinen. In den kühlen Bereichen Südafrikas, wie Constantia und Elgin, fühlt sie sich wohl, Grapefruit- und Limonenaromen kommen hinzu.

unten Sorgfältig werden Riesling-Trauben für deutsche Spitzenweine von Hand gelesen.

Riesling

Eine anspruchsvolle Rebsorte, die außerhalb ihrer Heimat Deutschland auch unter den Namen Rheinriesling, White Riesling oder Johannisberg Riesling bekannt ist. Welschriesling oder Riesling Italico haben dagegen mit der echten Riesling-Traube nichts gemein. Die Rebsorte und ihre Weine waren vor allem im Ausland in Vergessenheit geraten, doch inzwischen kann man von einer Renaissance sprechen. Einige der besten Weißweine, ob trocken oder edelsüß, werden aus Riesling-Trauben bereitet.

Verbreitung

Die Heimat der Traube ist Deutschland. Deutlicher als bei anderen Rebsorten kommen beim Riesling-Wein unterschiedliche Boden- und Klimaverhältnisse zum Ausdruck, ohne dass er seine Identität verliert. An der Saar ist er stahlig, in der Pfalz eher ölig und kräftig und im Elsass sehr intensiv.

Als relativ früh reifende Traube ist sie gut an diese kühleren Anbaugebiete angepasst. Inzwischen wird Riesling auch überall auf der Südhalbkugel kultiviert. Australien liefert bei wärmerem Klima Weine mit ausgeprägtem exotischem Zitruscharakter.

Geschmack

Riesling-Weine sind ausgesprochen aromatisch: verschiedenste Früchte, manchmal Honig, Mineralien, vielfältige Blumendüfte und eigenwillige, aber angenehme Benzinaromen. Sie haben ein enormes Alterungspotenzial.

Sémillon

Die süßen Sauternes- oder die trockenen Graves-Weine aus Bordeaux enthalten Sémillon als wichtigen Bestandteil der

oben Idyllisches Loire-Tal – inmitten der Weinberge mit reifenden Chenin-Blanc-Trauben steht eine Windmühle.

cuvée. Das wird oft bei der Popularität der Sauvignon-Blanc-Traube vergessen.

Verbreitung

Guter sortenreiner Sémillon-Wein kommt aus dem Hunter Valley in Australien. In Chile belegt die Traube Platz zwei hinter Sauvignon Blanc in der Rebstatistik, und auch in Neuseeland ist sie sehr verbreitet.

Geschmack

Die Rebsorte wird häufig mit Chardonnay verschnitten, sortenreiner Sémillon ist meist eher neutral. An geeigneten Standorten und bei geeigneter Verarbeitung (späte Lese, Gärung im Eichenfass) entstehen Weine mit erstaunlichem Alterungspotenzial. In Frankreich sind die Weine eher trocken mit schönem Zitronenaroma, in Australien dagegen sehr üppig.

Chenin Blanc

Eine der vielseitigsten Traubensorten der Welt. Unter optimalen Bedingungen kann man aus Chenin Blanc feine Süßweine erzeugen, die mit dem Alter stark gewinnen.

Verbreitung

In Frankreich ist die Chenin-Blanc-Traube vorrangig an der mittleren Loire verbreitet. In Südafrika ist sie die dominierende weiße Sorte (dort Steen genannt), aus der trockene, pikant-frische, manchmal auch nichts sagende Weine gewonnen werden. In Kalifornien ist sie sehr ertragreich und dient oft ungenannt als Basis für Alltagsweine.

Geschmack

Trocken ausgebaut, finden sich in den ausdrucksstärkeren Versionen der Chenin-Blanc-Weine Aromen und Düfte von Aprikose, Apfel, Honig und Stroh. Chenin Blanc wird auch im großen Stil zu einfachem Sekt verarbeitet.

Weitere Weißweintrauben

Aligoté

Die nach der Chardonnay-Traube zweite weiße Rebsorte aus Burgund. In guten Jahren, von besten Hanglagen mit mageren Böden kann Aligoté anständige Weine liefern. Bekannt ist der Kir: Aligoté-Wein mit einem Schuss Crème de Cassis. In Osteuropa, etwa in Bulgarien, Rumänien und Russland, wird die Rebsorte wegen ihres hohen Säuregehalts gerne angebaut. Sie ist auch in Chile und Kalifornien anzutreffen.

Colombard

Man sollte nicht zu viel von dieser Rebsorte erwarten. Im Südwesten Frankreichs wird sie oft für den Grundwein zur Destillation von Cognac und Armagnac angebaut. Bestenfalls liefert sie hier frische, grasige Côtes-de-Gascogne-Weine. In Kalifornien, Südafrika und Australien entlockt ihr die heiße Sonne intensive Aromen tropischer Früchte.

Gewürztraminer

Die ausgeprägt aromatische Rebsorte hat rötlich gefärbte Beeren. Sie wird in Österreich, Deutschland, Norditalien, Osteuropa und einigen Ländern der Neuen Welt angebaut. Man erkennt ihre Weine sofort am Duft: Litschi, Rose, sogar Gewürze wie Ingwer und Zimt. Fast exotisch schmecken sie im Elsass, wo es trockene, dezent süße (*Vendange tardive*) oder üppig süße (*Sélection de grains nobles*) Versionen gibt. In kühleren Regionen der Südhalbkugel zeigt sie hoffnungsvolle Ansätze.

Grüner Veltliner

Die große weiße Rebsorte Österreichs bietet alles, von unkomplizierten Weinen im Weinviertel bis hin zu großen Weinen in den besten Lagen der Wachau. Ihre pfeffrige, saftige Frucht macht ihre Weine zu idealen Begleitern ganz verschiedener Gerichte.

Marsanne

Heimat der Marsanne-Traube ist die nördliche Rhône, wo sie ihre Partnerin Roussanne zunehmend verdrängt. Marsanne gewinnt auf der ganzen Welt an Popularität, in Australien macht man daraus kräftige, trockene Weißweine mit Geißblattduft und Mango-Aroma.

unten Die Heimat der anspruchsvollen Roussanne-Traube ist das Rhône-Tal, sie wird aber auch in Kalifornien angebaut.

links Aus Muscat Blanc à Petits Grains (Muskateller) entstehen leichte, elegante Weine wie hier in Beaumes-de-Venise.

Melon de Bourgogne

Besser bekannt ist die Traube unter dem Namen Muscadet, so heißt auch der bekannte und beliebte trockene Weißwein vom Unterlauf der Loire. Die Sorte ist relativ neutral im Geschmack, hat aber eine ansprechende Säure, weshalb die Weine bestens zu Krustentieren passen. Bei Lagerung auf der Hefe (*sur lie*) bildet sich eine pikante Zitronennote mit einem angenehmen, leicht nussigen Nachklang.

Müller-Thurgau

Diese Kreuzung aus Riesling und Silvaner reift früh und bringt gute Erträge. Die Weine sind meist einfach, mit neutralem oder dezentem Muskataroma. Deutsche Müller-Thurgau-Weine bekamen durch den Exportschlager Liebfrauenmilch pauschal einen schlechten Ruf. Doch hier wie auch in Südtirol oder der Schweiz gelingen aus dieser Rebsorte schmackhafte Weine. In England ist Müller-Thurgau die häufigste Traubensorte.

Die Muscats (Muskateller)

Eine weit verzweigte Rebfamilie mit unterschiedlichsten Weinen. Leicht, elegant nach Rosen duftender Elsässer Muscat, süß, erfrischend sprudelnder Moscato d'Asti, australischer Liqueur Muscat, spanischer Moscatel und südfranzösischer *Vin doux naturel* wie Beaumes-de-Venise sind alle Muskateller-Abkömmlinge.

Die Pinots (Burgunder)

Pinot Blanc (Weißburgunder) und Pinot Gris (Grauburgunder) sind die bekanntesten. Der Pinot-Blanc-Wein gleicht mit seiner buttrigen, apfeligen Frucht einem leichten Chardonnay ohne Eichenausbau und passt zu vielen Speisen. Besonders aromatisch wird er im Elsass und in Österreich. Gute, trockene Weißburgunder kommen aus Deutschland (Baden und Pfalz) und dem Nordosten Italiens. Die Pinot-Blanc-Traube ist eine Mutation der Pinot Gris.

Die stark in Mode gekommene Pinot-Gris-Traube liefert unterschiedliche Weine, von sehr trocken bis sehr süß. Sie wird in ganz Mittel- und Osteuropa bis nach Norditalien (leichter, neutraler Pinot-Grigio-Wein) angebaut. Die besten Grauburgunder-Weine kommen aus dem Elsass, aus Deutschland, Österreich und der Schweiz. In Übersee zeigt Oregon das größte Interesse an der Rebsorte, man macht daraus trockene Weine mit leichter Honignote.

Roussanne

Eine anspruchsvolle Rebsorte von der Rhône, die oft mit Marsanne verschnitten wird. Die Weine haben ein unvergessliches, fast wildes Bukett von reifem Kernobst, Zitrus- und Heuaromen. Sie ist eine der vier für den weißen Châteauneuf-du-Pape zugelassenen Trauben. Nur selten wird sie wie in Kalifornien rebsortenrein ausgebaut.

Scheurebe

Die in Deutschland gezüchtete Kreuzung aus Silvaner und Riesling ergibt bukettreiche Weine mit angenehmer, frischer Säure. Ihren Erfolg verdankt die Rebsorte ihrer Anfälligkeit für Botrytis (Edelfäule), sodass daraus vorzügliche Beeren- und Trockenbeerenauslesen gewonnen werden können. Auch in Österreich wird die Scheurebe angebaut, sie heißt dort Sämling 88.

Silvaner

Ebenfalls eine klassische deutsche Rebsorte, die in Mitteleuropa weit verbreitet ist. Die früher sehr beliebte Silvaner-Traube dient heute noch in Rheinhessen als Massenträger, zeigt aber in Franken ihre wahren Qualitäten. In Österreich und im Elsass wird sie Sylvaner geschrieben.

Torrontés

Argentinien setzt beim Weißwein auf diese Traube und erzeugt daraus frische, würzige und trockene Weißweine. Sie kommt aus Galicien im Nordwesten Spaniens, wo sie zu weißem Ribeiro-Wein verarbeitet wird.

Verdelho

Diese portugiesische Rebsorte hat inzwischen Australien erobert. Im Hunter Valley und in anderen heißen Regionen gelingen aus dieser Traube kraftvolle, würzige und wuchtige trockene Weiße. Verdelho gilt vielen als die klassische weiße Traube des McLaren Vale in Südaustralien.

Viognier

Bis vor kurzem hatte diese berauschend aromatische, ertragsschwache Rebsorte von der nördlichen Rhône kaum Konkurrenz. Inzwischen mischen Kalifornien, Australien und andere Länder mit. Doch der Condrieu-Wein, der aus dieser Rebsorte gewonnen wird, bleibt unerreicht in seiner Fülle an Blüten- und Kernobstaromen.

Ugni Blanc (Trebbiano)

Keine aufregende Rebsorte, aber so verbreitet, dass man sie erwähnen muss. Ugni Blanc taucht in *Vins de pays* der Côtes de Gascogne und des Languedoc auf. In Italien liefert sie als Trebbiano neutrale Weißweine: Soave, Frascati und Orvieto. Durch den neutralen Geschmack eignen sich ihre Weine gut zum Verschnitt mit anderen Sorten.

unten Pinot Blanc ist eine weiße Mutation der Pinot-Gris-Traube, aus der sehr trockene bis extrem süße Weine erzeugt werden.

Klassische Rotweintrauben

Cabernet Sauvignon

Die wohl bekannteste Rebsorte der Welt, Cabernet Sauvignon wächst in fast jedem Weinanbaugebiet der Erde.

Verbreitung

In ihrer Heimat Bordeaux wird die Sorte fast immer verschnitten. Andere Regionen in Frankreich und inzwischen der ganzen Welt haben sie übernommen. Sie wird mit einheimischen Sorten verschnitten oder sortenrein abgefüllt.

Geschmack

Cabernet Sauvignon behält immer ihren Charakter, unabhängig von dem jeweiligen Verschnitt oder den Boden- und Klimabedingungen im Anbaugebiet. Der typische Duft schwarzer Johannisbeeren verrät sie von weitem. Cabernet-Weine zeigen große Variationsmöglichkeiten: Australien und Neuseeland legen mehr Wert auf eine weiche Frucht mit Vanillenote, Chile betont saftige Pflaumen und Brombeeren. Kalifornien macht dagegen besonders wuchtige Cabernets. Selbst der Libanon versucht seine eigene Interpretation dieser Rebsorte.

Merlot

Fett, saftig und nicht zu tanninherb – der Merlot-Wein spricht fast jeden an.

Verbreitung

Weinkenner denken bei Merlot sofort an St-Émilion und Pomerol in Bordeaux, an edle Weine und hohe Preise. Winzer in aller Welt fühlen sich durch sie zur Nachahmung angespornt. Merlot ist in Bordeaux die häufigste Rebsorte, sie mildert etwas die Härte der Cabernet-Sauvignon-Traube. In Südfrankreich wird sie oft für *Vins de pays* angebaut. Auch in Südafrika, Australien und Neuseeland ist sie gut vertreten. In den USA machte sie jüngst Furore als rotes Pendant zur Chardonnay-Traube.

Geschmack

Meist schmeckt der Wein nach Kirschen, Johannisbeeren, Pflaumen, Vanille, Karamell und Gewürzen. Amerikanischer Merlot hat mehr Tannin und eine schokoladige Frucht. Auch in Chile und Argentinien ent-

links Cabernet-Sauvignon-Trauben werden fast überall angebaut, wo Wein wächst. Sie sind Grundlage vieler großer Rotweine und ihr Johannisbeeraroma ist unverwechselbar.

links Die Rebsorte Pinot Noir ist schwierig anzubauen, und manchmal enttäuschen die Weine, doch inzwischen wächst sie erfolgreich in Kalifornien und Neuseeland.

stehen aus dieser Traube gehaltvolle, weiche, pflaumenfruchtige Weine.

Pinot Noir

Ein Charmeur – der Pinot-Noir-Wein inspiriert selbst zurückhaltende Weintrinker zu den blumigsten Beschreibungen und für viele Weinmacher ist er „der Rotwein schlechthin".

Verbreitung

Die besten Lagen für diese Rebsorte hat die Côte d'Or in Burgund, deren Pinot-Noir-Weine mit dem Alter immer duftiger und exotischer werden. In Frankreich wird Pinot Noir außerdem noch an der Loire, im Elsass und in der Champagne angebaut, wo sie Bestandteil der *cuvée* ist. Viele Länder, von Deutschland bis Rumänien, haben Erfolg mit dieser nicht ganz einfachen Rebsorte. Die dünnschalige, früh reifende Traube stellt hohe Ansprüche an das Klima. Ist es zu kalt, wird der Wein dünn, ist es zu heiß, schmeckt er wie Marmelade. Stimmt alles, ist der Winzer ein gemachter Mann. In der Neuen Welt sucht man noch nach geeigneten Standorten, einige Bereiche an Kaliforniens Central Coast, etwa bei Carneros, sind viel versprechend. Auch Oregon verzeichnet Erfolge, Neuseeland ist wichtigster Pinot-Noir-Produzent der Südhalbkugel.

Geschmack

Die besten Pinot-Noir-Weine begeistern mit ihrem breiten Spektrum an Aromen wie Rose, Himbeere, Kirsche, Preiselbeere, Trüffel und Wild bei einer ungewöhnlich seidigen Textur.

Syrah (Shiraz)

Eine Traube mit ausgeprägter Persönlichkeit und vielen Aromen. Syrah, in Australien als Shiraz bekannt, liefert Weine von Weltrang.

Verbreitung

Sie stammt von der nördlichen Rhône, woher auch die großen Rotweine Hermitage und Côte-Rôtie kommen. Die meistgepflanzte Traube Australiens glänzt in Barossa und im Eden Valley. In Kalifornien heißen ihre begeisterten Anhänger „Rhône Rangers". Auch in Südafrika gibt es erste viel versprechende Erfolge. Vereinzelt wird Syrah in Italien und Spanien angebaut, in Südamerika und Neuseeland beginnt gerade ihr Aufstieg.

Geschmack

Brombeere, verschiedene Pflaumenarten, eine Spur Rauch, etwas Schokolade und manchmal Veilchenduft. Mit seinem ausgeprägten Charakter eignet sich der Syrah-Wein gut zum Verschnitt mit dem süßlichen Grenache- oder dem etwas dumpfen Mourvèdre-Wein, wie an der südlichen Rhône üblich. In Australien harmoniert er gut mit Cabernet Sauvignon, überzeugt aber auch unverschnitten mit seinen Schokolade-, Vanille- und Melassearomen.

Weitere Rotweintrauben

Barbera

Die aus dem Nordwesten Italiens stammende Traube wetteifert mit Sangiovese um den Platz der verbreitetsten Rebsorte des Landes. Bei hohen Erträgen liefert sie helle, fruchtige Alltagsweine. Bei strenger Ertragsbegrenzung wie bei Toperzeugern im Piemont entstehen sehr reichhaltige Weine, Eiche macht den Rest. Sie wird auch in Argentinien und Kalifornien angebaut.

Cabernet Franc

Die Verwandtschaft zu Cabernet Sauvignon ist nur schwer zu erkennen. Cabernet Franc liefert bei idealem, kühlerem Klima deutlich leichtere Weine mit grasiger Frische. In Bordeaux wird der Cabernet-Franc-Wein mit Merlot verschnitten, an der Loire meist sortenrein ausgebaut. Cabernet Franc wird in Norditalien angepflanzt, ebenso in Südafrika und Australien. Viel versprechend zeigt sich die Rebsorte in Washington State und an der kalifornischen North Coast.

Dolcetto

Eine Rebsorte mit geringer Säure im Vergleich zu Barbera. Ihre überwiegend aus dem Piemont kommenden violetten Weine mit Pflaumenfrucht werden am besten innerhalb von ein, zwei Jahren getrunken. Einige Produzenten verbessern die Weine durch Reifung auf der Flasche.

Gamay

Wissen Sie, aus welcher Sorte Beaujolais Primeur oder Nouveau gemacht wird? Aus Gamay, die mit wenig Tannin und saftiger Frucht süffige Weine liefert. Im Beaujolais unterstützt man diese Fruchtigkeit durch die weit verbreitete *macération carbonique* (siehe Seite 159). Anspruchsvoller sind Beaujolais Crus, wie Morgon, die sogar etwas reifen können.

Grenache

Grenache, in Spanien als Garnacha bekannt, wächst in weiten Teilen Südfrankreichs, Spaniens, Sardiniens sowie in Kalifornien und Australien. Die besten Grenache-Weine sind eher hell, mit einer intensiven Himbeerfrucht-Note. In Rioja wird Garnacha mit Tempranillo verschnitten, in Südfrankreich bilden Grenache-Weine die Basis der süßen Banyuls- und Maury-Weine (*Vin doux naturel*).

links Eine der weit verbreitetsten Rebsorten ist Grenache. Die Grenache-Weine sind unkomplizierte Alltagsweine, weniger hochfeine, edle Tropfen.

oben Zinfandel ist vor allem durch die leichten kalifornischen Rosés bekannt, doch die aromatischen trockenen Roten sind viel besser.

Malbec

Die große rote Traube Argentiniens findet man auch im Südwesten Frankreichs, in Italien, Südafrika, Kalifornien und Australien. In Bordeaux ist sie eher von geringer Bedeutung, dafür aber prägend für den fleischigen Cahors-Wein. In Argentinien läuft sie zur Höchstform auf, mit reich strukturierten, reifen, pflaumigen Roten.

Nebbiolo

Dieser Traube verdanken wir die edlen Rotweine Barolo und Barbaresco aus dem italienischen Piemont. Als echte Tanninbomben brauchen sie einige Jahre, bis sie weicher werden. Aber das Warten lohnt sich, denn sie bieten ein wunderbares Spektrum an Aromen (Teer und Rose). Auch in Australien gibt man sich große Mühe mit dieser Sorte, und die kalifornische Central Coast meldet einzelne Erfolge.

Pinotage

Diese südafrikanische Kreuzung aus Pinot Noir und Cinsault hat nie den wirklichen Durchbruch geschafft. Die schlimmsten Pinotage-Weine, und davon gibt es einige, riechen wie Nagellackentferner. Erfahrene Weinmacher können einen annehmbaren Wein daraus produzieren, intensiv fruchtig, mit Aromen von Pflaume, roter Johannisbeere und Banane.

Sangiovese

In dieser Traube findet sich Italien wieder, denn sie ist gleichermaßen die Basis von Chianti, Brunello di Montalcino und den feinen *Super-Toskanern* (siehe Seite 111). Sangiovese-Weine riechen nach Tabak und Kirsche, nach Pflaume, Kaffee, Leder und Tee. Die Sorte eignet sich zum Verschnitt mit Cabernet Sauvignon und Merlot und profitiert von frischer Eiche. Sie wird auch in Kalifornien erfolgreich angebaut.

Tempranillo

Die beste Rebsorte Spaniens prägt den Geschmack des Riojas. Sie taucht, oft mit unterschiedlichen Namen, auch in anderen spanischen Anbaugebieten wie Ribera del Duero, La Mancha und Valdepeñas auf. Die Erdbeer-, Karamell- und Gewürzaromen sind bereits in jungen Weinen delikat, doch Tempranillo altert gut und gewinnt durch Reifung im Eichenfass. Kalifornien, Oregon und Argentinien haben sie übernommen.

Zinfandel

Die Kalifornier vereinnahmen „Zin" als einheimische Rebsorte, es handelt sich aber um die wenig bekannte Primitivo aus Süditalien. Die besten Weine sind wuchtige, weiche Rotweine, voll gepackt mit reifen Kirschen, Pfeffer, Pflaumen und Brombeeren. Die Sorte ergibt aber auch eher fade Rosés und sogar spät gelesene Dessertweine.

Weinstile: Weißwein

„Ich kenne mich mit Wein nicht aus, aber ich weiß, was mir schmeckt.“ Wer mehr über die Weine wissen möchte, die er gerne trinkt, hier erfährt er es.

oben Frische Weine mit genügend Körper, wie ein Chardonnay und ein fruchtiger Sauvignon Blanc, können auch pur getrunken werden.

Klar und frisch: trockene Weißweine

Frische, knochentrockene Weiße sind ideal im Hochsommer oder als Wein zu Meeresfrüchten. Sie sind nicht sehr komplex und zum pur Trinken manchmal etwas langweilig. Ein Schuss Crème de Cassis macht sie zum Aperitif, etwas Sprudel zur erfrischenden Schorle. Als Wein zum Essen sind diese frischen und klaren Weißen mit ihrem neutralen Geschmack ideal. Sie überdecken nicht die Speisearomen und machen fette Gerichte besser verdaulich. Sie vertragen sich sogar mit stark gewürzten exotischen Speisen – Bier passt aber besser dazu. Weil sie wenig aromatisch sind, können solche Weine auch stark gekühlt serviert werden.

Die Besten

In Frankreich orientiert man sich am besten an Weißen aus Entre-deux-Mers, an einfachen Weißen aus Bordeaux, an Muscadet-Weinen aus dem Loire-Tal, einfachen Chablis-, Mâcon-Blanc- oder Aligoté-Weinen aus Burgund. Aus dem Elsass sind Silvaner und Pinot Blanc zu empfehlen. Die Weine aus dem Süden, etwa der Côtes du Rhône, fallen meist in die nächste Kategorie der mittelkräftigen Weißweine.

Aus Italien bieten sich Soave, Verdicchio, Pinot Grigio, Orvieto Secco, Frascati, Vermentino, Malvasia, Trebbiano, Lugana oder ein Pinot Bianco, die italienische Variante des Pinot Blanc, an. Italiener bevorzugen weitgehend neutrale Weißweine, und so kommt auch ein Chardonnay aus Südtirol oder einer der vielen frischen, trockenen und gut zu trinkenden sizilianischen Weißweine in Frage.

Das Gros der spanischen Weißweine fällt in diese Kategorie – besonders gut sind die aus Rueda. Und natürlich der Vinho Verde aus Portugal.

Würzig und weich: mittelschwere Weißweine

Diese mittelschweren Weißweine haben etwas mehr Kraft. Sie sind dezent aromatisch, dabei pikant oder weich.

Die Besten

Sauvignon-Blanc-Weine aus Neuseeland, speziell die aus Marlborough, sind recht intensiv im Geschmack. Diese Rebsorte liefert fast überall sehr gute Weine: Die aus Südafrika sind eher spritzig, chilenische dagegen weicher. Von der Loire kommen die mineralischen, teilweise rauchigen Sauvignon-Weine aus Sancerre und Pouilly-Fumé und die etwas spitzen Chenin-Blanc-Weine, die beim Reifen Honigaromen entwickeln.

Auch der weiche und vollere Chablis-Wein aus besten Lagen fällt in diese Kategorie, ebenso andere weiße Burgunder, wie ein gut gemachter Mâcon-Villages. Gewöhnlich liefert Chardonnay ansprechend weiche, mittelschwere Weißweine. Sobald er aber im Eichenfass ausgebaut wird, entstehen wuchtige, körperreiche Weine. Aus dem Südwesten Frankreichs kommt der würzige Jurançon Sec und aus dem Languedoc interessante weiße *Vins de pays*.

Die meisten Weinländer erzeugen mittelkräftige Weißweine – sogar England mit der viel versprechenden Sorte Bacchus. Am wenigsten ausgeprägt sind dabei die italienischen Weißweine, weil sie zum Essen passen sollen. Topweine aus den oben erwähnten italienischen Anbaugebieten entwickeln meist mehr Körper und fallen damit in die mittlere Kategorie. Das gilt auch für die spanischen Rueda-Weine, denen ein hoher Anteil Verdejo-Trauben zu oft erstaunlicher Würze verhilft. Gleichfalls lohnt sich ein Blick auf Weine aus Somontano und Penedès. Die weißen Portugiesen aus den eigentümlich klingenden Rebsorten zählen ebenso dazu wie die meisten osteuropäischen Weißweine, speziell die aus Ungarn.

Pinot-Gris- und Chardonnay-Weine aus Anbaugebieten wie Oregon an der amerika-

unten Die kräftige provenzalische Küche verlangt nach einem vollen Weißwein, wie einen barriquegereiften Sémillon.

nischen Westküste sind angenehm weiche Weine, wie auch die meisten aus Kanada.

Wenn Sie glauben, Australien mit seinen wuchtigen, eichengeprägten Weißen habe hier nichts zu suchen, dann sollten Sie einmal einen Chardonnay aus den kühleren Anbaugebieten (beispielsweise Adelaide Hills und Tasmanien) probieren.

Reich und saftig: schwere Weißweine

Sie lieben wuchtige Weißweine? Diese vollen, saftigen, sahnig weichen und dabei trockenen Weine werden aus Rebsorten wie Chardonnay, Sémillon, Marsanne und Roussanne gemacht. Wichtig für diese Weine ist der Reifeprozess in Eichenfässern.

Die Besten

Referenz in dieser Kategorie ist noch immer ein großer weißer französischer Burgunder aus einem guten Jahr. An diesem kraftvollen, eichengeprägten Chardonnay misst man sich in Kalifornien, Neuseeland, Australien, Chile und Südafrika.

unten Das Château Pichon-Longueville Baron dominiert die Weinberge im Bordeaux-Gebiet, in denen Trauben für vorzügliche Rot- und Weißweine wachsen.

Aber Australien hat den Chardonnay-Wein gewissermaßen neu erfunden: mit vordergründigen Aromen von Pfirsich, Aprikose und Mango, überlagert von Vanille und buttriger Fülle. Selbst billigere australische Chardonnays haben diese intensive Melonen- und Pfirsichfrucht mit süßer Eichennote, die hier durch den Zusatz von Holzspänen bei der Gärung erzielt wird.

In Chile nimmt der Chardonnay Zitrusnoten an, in Argentinien ist er muskulöser und in Kalifornien liefert die Traube sehr kraftvolle Weine. Auch aus Italien, speziell der Toskana, kommen gute Chardonnays, ebenso aus Costers del Segre in Spanien.

Sie sind kein Chardonnay-Fan? Australien bietet ein ganzes Sortiment an körperreichen Weißweinen: von Marsanne aus dem Goulburn Valley bis Sémillon aus dem Hunter Valley. Beides sind üppige Weine mit Honignoten, besonders nach etwas Reifung.

Oder Graves in Bordeaux, wo besonders in Pessac-Léognan gehaltvolle Weißweine aus Sémillon und Sauvignon Blanc erzeugt werden. Nicht zu vergessen die Spitzenweine der Rhône aus Marsanne- und Roussanne-Trauben oder der weiße Rioja aus der Viura-Traube. Aus Österreich empfiehlt sich ein Grüner Veltliner aus guten Lagen und mit einigen Jahren Flaschenreife.

Duftig und fruchtig: aromatische Weißweine

Aromatische, oft parfümartige Weißweine sind nicht jedermanns Geschmack. Sie sind keine leichten Trinkweine, aber großartige

Aperitifs und unvergesslich in Kombination mit bestimmten Speisen.

oben Ungarn produziert ein Sortiment trockener Weißweine aus aromatischen Sorten wie Irsai Oliver, Furmint und Zenit.

Die Besten

Der Gewürztraminer ist der König unter den aromatischen Weinen: Denken Sie an türkischen Honig, taubedeckte Rosen und frische Litschis. Die Traube wird weltweit angebaut, doch das Elsass macht den besten Wein daraus.

Das Elsass bietet mit dem Muscat (Muskateller) einen weiteren besonders wohlriechenden Wein. Dann der Riesling, ein zeitweise etwas aus der Mode gekommener Wein. Die besten Rieslinge kommen noch immer aus Deutschland, mit dem Elsass als stärkstem Konkurrenten. Weniger blumig sind australische Rieslinge mit ihren rassigen Zitronenaromen und einer nur schwach ausgeprägten Benzinnote.

Viognier ist eine weitere Rebsorte mit einem erstaunlichen Aromaspektrum. Die Weinbauern in Condrieu, der Heimat dieser Rebsorte an der nördlichen Rhône, lesen die Viognier-Trauben spät und machen daraus reiche, komplexe Weine von erstaunlicher Nachhaltigkeit. Die kalifornischen Varianten sind ähnlich aromatisch in der Frucht bei weniger ausgeprägter Säure.

Auch im Nordwesten Spaniens werden Sie fündig. Von dort kommen duftende Weißweine mit eigenem Charakter wie der Albariño aus Galicien. Argentinien hat mit dem würzigen Torrontés einen sehr interessanten Wein anzubieten. Und Ungarn produziert zahlreiche aromatische trockene Weißweine, etwa aus der Sorte Irsai Oliver.

Weinstile: Rotwein

Sie mögen Beaujolais, aber der bulgarische Rotwein, den Ihr Schwiegervater immer auftischt, schmeckt Ihnen überhaupt nicht. Keine Sorge, die Rotweinwelt ist groß.

Weich und saftig: leichte, fruchtige Rotweine

Mit anderen Worten: unkomplizierte, leichte Trinkweine, niedrig im Tannin, ausgeprägt in der Frucht und eher zart in der Farbe. Dazu gehören Gamay, mancher Pinot Noir und Cabernet Franc von der Loire (Anjou und Touraine) und Valpolicella, Chiaretto und Bardolino aus Italien. Auch Rotweine aus Weißweinregionen wie dem Loire-Tal, Deutschland (vor allem Württemberg), Österreich und der Schweiz fallen in diese Kategorie.

Die Besten

Beaujolais und seine Appellationen empfehlen sich als Anlaufstelle für leichte, fruchtige Rote wie zum Beispiel Moulin-à-Vent. Diese Gamay-Weine mit Kirsch- und Pfirsicharoma werden anders als schwere Rotweine sogar leicht gekühlt serviert. Die einfachen Qualitäten sollten möglichst jung getrunken werden, denn ihre Fruchtigkeit verliert sich schon im Jahr nach der Ernte. Sie können sie pur oder zum Essen trinken. Auch aus Côtes du Rhône kommen einige weiche, saftige Rotweine.

Die roten Südtiroler aus Italien sind durchgehend hell in der Farbe und fallen relativ leicht aus, ebenso wie ein Dolcetto aus dem Piemont. Wer es lieber prickelnd mag, sollte zum roten Lambrusco greifen. Der rote Vinho Verde aus Portugal ist hier fast unbekannt, und ein Blick in die spanischen Regionen La Mancha, Navarra oder Valdepeñas ist immer lohnenswert.

Ein Pinot Noir, gleich welcher Herkunft, kann fast immer als saftig und weich eingestuft werden. Entwickelt er mit seiner seidig weichen Erdbeerfrucht aber wahre Größe, steigt er zur Kategorie der mittelschweren Weine auf. Der beste Pinot Noir kommt noch immer aus Burgund. Es folgen Kalifornien mit den Regionen Cameros und Central Coast (Santa Barbara und Santa Ynez), Oregon und Chile. Auch die Pinot-Noir-Weine aus Martinborough und Marlborough in Neuseeland sind angenehm weich und fruchtig, sodass einige bereits in die nächste Kategorie gehören.

Voll und fruchtig: mittelschwere Rotweine

Mittelschwere Rotweine finden sich in weiten Teilen Europas. Nach Süden hin werden die Weine zunehmend üppiger und voller, doch auch hier gibt es kühlere Weinbauregionen mit mittelschweren Rotweinen, zum Beispiel aus der Pinot-Noir-Traube.

Man kann alle weichen, fruchtigen Rotweine dazuzählen, wenn sie vom richtigen Winzer stammen. Er holt das Beste aus den Trauben heraus, hat seinen Standort sorgfältig gewählt und achtet auf das Wetter.

Die Besten

Bordeaux sollte man bei mittelschweren Roten nicht automatisch ausschließen. Nehmen Sie etwas einfachere Provenienzen und achten Sie auf den Jahrgang (1990 und 1995 waren voller Frucht). Einige Teilgebiete wie Margaux tendieren generell zu leichteren, eher mittelkräftigen Weinstilen.

Auch die meisten Merlot-Weine gehören in diese mittelschwere, fruchtige Rotweinkategorie. Diese weiche, zugängliche Traube wächst weltweit. Wuchtige Merlot-Weine aus Kalifornien sind aber in der nächsten Kategorie besser aufgehoben.

Dann sind da die Syrah-Weine von der nördlichen und Grenache-Weine von der südlichen Rhône. Die Granitböden im Norden fördern üppige, volle Fruchtaromen,

linke Seite Junge Rotweine und solche aus klassischen Weißweingebieten zeichnen sich durch eine delikate Fruchtigkeit aus – ideal für den puren Weingenuss oder als Aperitif.

unten Deftige französische Küche verlangt nach einem entsprechend kräftigen Wein mit vollen Fruchtaromen.

die aber durch die hohe Säure aufgefangen werden. Auch weiter im Süden kommen aus der Provence und benachbarten, kleineren Appellationen mittelschwere Rotweine. Die Topweine der Gegend sind der nächsthöheren Kategorie zuzurechnen.

Italien kann mit zahlreichen mittelschweren Rotweinen, unter anderem aus den Rebsorten Barbera, Nebbiolo, Teroldego und Sangiovese, aufwarten. Auch Chianti gehört hierher, bessere und teurere Exemplare allerdings in die folgende Klasse. Kräftige Rebsorten wie Cabernet Sauvignon liefern im Norden, in Trentino und Friaul, eher mittelschwere Weine. In Spanien empfehlen sich jüngere Riojas (Joven oder Crianza). Osteuropäische Rotweine kommen kaum über eine mittelschwere Statur hinaus, die Erträge sind einfach zu hoch.

Wuchtig und aromatisch: schwere Rotweine

Diese fleischigen, üppig aromatischen Rotweine füllen den Mund und lassen andere Weine schwächlich erscheinen. Solche Weine kommen aus heißen Anbaugebieten, von älteren Rebstöcken, sie brauchen die Lagerung in Eiche und sind deutlich teurer als der Rest. In guten Jahren und unter den Händen von Könnern werden auch viele Weine der mittleren Klasse zu roten Schwergewichten.

Die Besten

Bei den üppigen Rotweinen gibt der Cabernet Sauvignon die Richtung vor. Die inzwischen weltweit verbreitete Rebsorte stammt ursprünglich aus Bordeaux, wo sie mit anderen Sorten verschnitten das gesamte Spektrum körperreicher Rotweine liefert. Die wuchtigsten Cabernet-Weine kommen aus dem kalifornischen Napa Valley: hoch im Alkohol und gigantisch im Aroma sowie im Preis. Die Syrah-Weine der nördlichen Rhône und ihre australischen Namensvettern Shiraz aus Barossa oder dem McLaren Vale gehören gleichfalls in die Kategorie der üppigen, fleischigen Rotweine.

linke Seite In der Beaujolais-Gemeinde Juliénas werden Gamay-Trauben geerntet – der erste Schritt zu einem der besten Weine der Region.

Bei idealem Boden und Klima können zahlreiche rote Rebsorten sehr viel Kraft entwickeln. Beispielsweise Zinfandel in Kalifornien, Mourvèdre in Bandol und Tempranillo in der spanischen Topregion Ribera del Duero oder in Rioja (als *Gran Reserva*). Überhaupt erweitert sich das spanische Angebot an wuchtigen Rotweinen ständig mit neuen Anbaugebieten, wie Toro und Priorato. Portugal kann mit den Roten vom Douro, der aus den klassischen Portwein-Trauben hergestellt wird, und Weinen aus Bairrada wie Dão gut mithalten. Und aus Griechenland liefern kleine Erzeuger würzige, pikante Rotweine.

Außerhalb Europas sind körperreiche Rotweine fast die Norm, von Argentinien über Chile bis Australien, Südafrika und schließlich Kalifornien.

Roséweine

Ein Rosé ist nicht automatisch süß, wie die Farbe vielleicht suggeriert. Gehen Sie in

eine Bar im spanischen Pamplona, fast jeder trinkt Rosé. Die Stadt mit dem berühmten Stierrennen liegt mitten in Navarra, einer spanischen Topregion für Roséweine. Meist aus Garnacha (Grenache) gemacht, bieten sie üppigen Erdbeergeschmack mit pikanter Säure und passen ideal zu regionalen Schinkenspezialitäten und anderen Speisen.

Rosés sind gewöhnlich keine komplexen Weine, obwohl das durchaus möglich ist, wie einige Produzenten bewiesen haben. Doch die Kunden wollen für Rosé nicht so viel Geld ausgeben, sie suchen eher unkomplizierte Weine, die gut zu Grillgerichten schmecken.

Die Besten

Ein gutes Angebot findet man in Südfrankreich. Die Provence ist die Heimat des französischen Rosés mit vielen guten Weinen aus Trauben wie Mourvèdre und Grenache. Für roséfarbene Bordeaux gibt es eine eigene Appellation Bordeaux Clairet. Über ganz Frankreich verteilt gibt es Regionen, deren Rotweine so hell sind, dass sie wie Rosés getrunken werden können. Die Rebsorten Poulsard im Jura oder Gamay im Beaujolais liefern solche Weine. Auch von der Loire kommen gute Rosés, nicht gerade der süßliche Rosé d'Anjou, aber der elegante Rosé aus Sancerre.

Außerhalb Frankreichs und Spaniens lohnt ein Blick nach Argentinien und Chile, auch Australien und Südafrika produzieren Roséweine.

links Körperreiche Rotweine mit komplexen Aromen werden in allen Weinländern produziert, sehr häufig aus der Rebsorte Cabernet Sauvignon.

Weinstile: Schaumwein

links Gilt es auf das neue Jahr oder das frisch getraute Paar anzustoßen, öffnet man weltweit am liebsten eine Flasche Champagner, um das Ereignis gebührend zu feiern.

Nichts verbreitet eine fröhlichere, festlichere Stimmung als Schaumwein. Und nichts hebt die Stimmung besser als Jahrgangs-Champagner. Champagner ist noch immer weltweit die Nummer eins, doch nicht mehr konkurrenzlos. Immer mehr Herausforderer rütteln am Thron: In Deutschland wird Sekt in so genannter traditioneller oder klassischer Flaschengärung hergestellt. Ebenso bemühen sich ehrgeizige Produzenten aus Tasmanien, dem benachbarten Neuseeland und den Küstentälern Kaliforniens um die Sektherstellung nach dem Champagner-Verfahren. Selbst England erzeugt, wenn es das Wetter zulässt, annehmbare Schaumweine.

Die Besten

Die besten Schaumweine werden in kühlen Regionen erzeugt. Eindeutiger Spitzenreiter ist die Champagne, die östlich von Paris gelegene nördlichste Weinbauregion Frankreichs. Die Trauben der Rebsorten Pinot Noir, Chardonnay und Pinot Meunier gelangen geradeso zur Reife. Die Weine aus den fünf Teilbereichen (Montagne de Reims ist der beste) sind ziemlich herb, bevor sie die *méthode champenoise* durchlaufen. Das Geheimnis ihrer Größe liegt im Geschick der Weinmacher, die individuelle Frucht verschiedener Jahrgänge mit den Hefearomen bei der Reifung in den Kalksteinkellern zu verbinden.

Jedes Champagner-Haus hat seinen eigenen Stil. Champagner mit höherem Pinot-Noir- oder Pinot-Meunier-Anteil ist aromatischer, ein Blanc de Noirs wird nur aus roten Trauben hergestellt. Leichter und sahniger schmeckt ein Blanc de Blancs, der nur aus Chardonnay gemacht wird.

Nicht jeder Champagner muss großartig sein. Tatsächlich fallen billige Champagner (ohne Jahrgang) oft beißend sauer, die einfachen süßen *cuvées* (*demi-sec*, *doux*) aufdringlich pappig aus. Jahrgangs-Champagner sind die Besten. Der Wein hatte etwas

Zeit zum Reifen, dabei konnten sich sahnige Nussaromen entwickeln. Achten Sie auf die Jahrgänge, manche sind voller (wie 1990), andere deutlich leichter (etwa 1992).

Ob mit oder ohne Jahrgang, Champagner ist Ihnen zu teuer? Zu einem Bruchteil des Preises können Sie anständige Schaumweine aus anderen französischen Regionen erhalten, wie dem Loire-Tal (Crémant de Loire), aus Burgund (Crémant de Bourgogne) und dem Elsass (Crémant d'Alsace). Weiter südlich entstehen interessante Schaumweine, wie Crémant de Die, Gaillac Mousseux und Blanquette de Limoux.

Deutschland und Österreich bieten gute Sekte an. Auch Italien hat viel zu bieten. Dessen gewaltiger Ausstoß liefert Weine im Champagner-Stil oder mehr im alkoholschwachen, Muskateller-süßen Asti-Stil (Moscato d'Asti und Asti Spumante). Zu den italienischen Schaumweinen gehören auch der weiße und rote Lambrusco. Dann gibt es noch den frischen, trockenen Prosecco als Spezialität des Veneto.

Etwas weicher und voller ist der Cava aus Katalonien mit üppiger Apfelfruchtnote zu einem guten Preis.

Praktisch jedes Wein produzierende Land stellt Schaumwein her, rein technisch kann man jede Rebsorte verwenden. Die Australier machen sogar aus Shiraz, Cabernet Sauvignon und Grenache Sekt (gewöhnungsbedürftig, am ehesten passend zu Grillgerichten). Ihre Verschnitte im Champagner-Stil sind aber wesentlich erfolgreicher.

Kalifornien und Neuseeland sind der Champagne qualitativ dicht auf den Fersen. Auch Champagner-Produzenten erkannten das Potenzial und investierten in beiden Ländern in die Schaumweinproduktion. Aus Kalifornien kommen Sekte mit saftigen, sommerlichen Fruchtaromen, die aus Neuseeland sind von frischer Zitrusfruchtigkeit. Für die Franzosen hat sich die Investition jedenfalls ausgezahlt.

Südafrika arbeitet intensiv an Sekten im klassischen Verfahren (*méthode Cap classique*), mit wechselndem Erfolg.

unten Die *remuage* von Hand, das regelmäßige Drehen und Rütteln der Flaschen, die zusätzlich langsam gekippt werden, ist sehr arbeitsaufwändig. Heute setzt man Maschinen für diese Prozedur ein.

Weinstile: Süßwein

Die besten Süßweine verdanken ihre Süße botrytisierten Beeren und nicht einem Sack Zucker. Die Trauben reifen am Stock, bis sie bei feuchtwarmem Klima von dem Edelfäulepilz (Botrytis cinerea) befallen werden, der den Beeren das Wasser entzieht und sie schrumpfen lässt. Der Wein aus diesen Beeren ist hoch konzentriert und intensiv. Weinkenner äußern sich begeistert: üppig, goldgelb, Pfirsich- und Aprikosenfrucht, durchzogen von Nuss- und Honigaromen.

Es gibt die verschiedensten Süßweine. Viele sind köstlich, nicht alle lösen vielleicht die eben beschriebene Ekstase aus, passen aber mit ihrer pikanten Süße bestens zu vielerlei Gerichten. Angefangen mit dem nach Orangenblüten duftenden Moscatel aus Valencia über spät gelesene Rieslinge aus Oregon bis hin zu den dickflüssigen, süßen Beeren- und Trockenbeerenauslesen aus Deutschland und Österreich.

Die Besten

Ganz oben stehen Sauternes und Barsac aus Bordeaux, sie sind weltweit die Referenz für Süßweine. Diese üppigen, vollen *cuvées* aus Sémillon und Sauvignon Blanc überwältigen mit intensiven Aromen von Pfirsich, Ananas, kandierter Zitrone, Karamellbutter und Honig, ausbalanciert mit feiner Säure. Doch sie sind teuer.

Günstige, etwas weniger konzentrierte Alternativen finden sich gleich in der Nähe, in Loupiac und Monbazillac. Weiter nördlich produziert man an der Loire aus Chenin Blanc ungewöhnliche süße Weine wie den Vouvray. Auch das Elsass liefert ein verführerisches Sortiment an süßen Weinen, von *Vendange tardive* (Spätlese) bis *Sélection de grains nobles* (Auslese edelfauler Trauben). Die wichtigsten Rebsorten hierfür sind Pinot Gris, Gewürztraminer und Riesling. Trotz ihrer Süße – eine *Sélection de grains*

nobles ist besonders süß – passen sie dank ihrer ausgeprägten Säure sehr gut zur elsässischen Küche, besonders zu Foie Gras (Gänseleber). Ganz im Süden trifft man auf die süßen Jurançon-Weine aus lokalen Rebsorten wie Gros Manseng. Die hoch in den Pyrenäen gelegenen Weinberge fördern eine pikante Säure, die die Ananas- und Aprikosenfrucht sehr schön auffängt.

In Deutschland stehen an oberster Stelle die Trockenbeerenauslesen. Sie sind besonders süß und sehr teuer. Ähnlich konzentriert sind Beerenauslesen, Auslesen dagegen sind deutlich leichter. Die besten deutschen Süßweine werden aus Riesling-Trauben erzeugt, die so lange wie nur möglich am Weinstock hängen bleiben. Das gilt auch für Österreich, dort fallen die Riesling-Weine sogar noch etwas fetter aus. Eine Spezialität aus Deutschland, Österreich und Kanada sind die extrem süßen Eisweine, die aus gefrorenen Trauben gewonnen werden. Die Erntehelfer lesen die Trauben unter schwierigen Bedingungen, die Mostausbeute ist minimal und entsprechend teuer, aber köstlich sind die Weine.

Aus der ungarischen Weinregion Tokaj kommen sensationelle Süßweine mit rauchigem Fruchtaroma und fast sherryartigem Geschmack. Auch hier ist der Botrytisbefall (Edelfäule) im Spiel: Die Ungarn bereiten aus den edelfaulen Trauben eine süße *aszú* (Maische), die dann mit trockenen Weinen zu verschiedenen Süßegraden vergoren wird. Die Anzahl der *puttonyos* (Butten) mit *aszú*, drei bis sechs, gibt den Süßegrad des fertigen Tokajer an.

linke Seite Süßwein gibt es in allen Varianten, von preiswerten, angenehm delikaten Wohlfühlweinen bis hin zu köstlichen, komplexen und intensiven Luxusausgaben.

oben Die Aromen von Süßweinen erinnern an Aprikose, Pfirsich oder Ananas mit einer Spur Honig und manchmal leicht rauchigen Untertönen.

In Italien macht man traditionell süße Weine aus halb oder ganz getrockneten Trauben. Recioto della Valpolicella ist ein süßer Rotwein, voll gepackt mit Pflaumen- und Kirschfrucht. Für den Vin Santo der Toskana werden Trauben auf dem Dachboden getrocknet.

Auch Australien und Neuseeland versuchen sich an edelsüßen Weinen, aber das warme trockene Klima fördert den Botrytisbefall nicht gerade. Die Süße der Weine wird meistens künstlich erzeugt. Sie eignen sich nicht unbedingt für eine lange Reifung.

Weinstile: Likörwein

oben Sherry, Port und Madeira sind die Klassiker unter den Likörweinen, doch es gibt noch viele andere gespritete Weine.

Dazu zählen Sherry, Port, Madeira, Marsala, Muscat-Weine aus Rutherglen und Samos, die roten und weißen Banyuls- und Rivesaltes-Weine, Maphrodaphne aus Patras und viele mehr. Das Aromaspektrum reicht von salzig-hefig (Manzanilla-Sherry) bis zu „flüssigem Pudding“ beim Muscat aus Rutherglen. Viele harmonieren bestens mit Käse, und es finden sich sogar passende Begleiter für die heikle Schokolade.

Spanien und Portugal

Die Sherry-Varianten Fino und Manzanilla aus Jerez sind die trockensten gespriteten Weine. Eher blass in der Farbe und wenig fruchtig, passen sie mit ihrem salzig-hefigen Mineralgeschmack gut zu vielen Gerichten. Die Spanier trinken sie zu Tapas, aber auch zum Essen.

Ein gereifter Fino heißt Amontillado, ein großartiger Aperitif, ebenso die anderen trockenen Sherry-Varianten Palo Cortado und Oloroso. Bei etwas höherer Säure schmecken sie delikat nussig.

Durch Süßen erhält man Cream-Sherry. Bei den einfachen Qualitäten werden leider die herrlichen Fruchtaromen überdeckt. Ganz anders der köstliche, seltene Oloroso Dulce mit konzentrierter Frucht und der PX (Pedro Ximénez), aus sonnengetrockneten Trauben, schwarz wie Lakritz und rosinensüß.

Aus Portugal kommt ein anderer weltberühmter Likörwein, der Portwein. In Südafrika und Australien hat man versucht, ihn zu imitieren, doch er bleibt unerreicht. Die Trauben für Port (unter anderem Touriga Nacional, Tinta Barroca und Tinta Roriz) wachsen auf steilen Terrassen an den Ufern des Douro in Nordportugal. Es gibt die einfachen Ruby oder White Ports, die fassgereiften Tawny Ports und die Quintas aus einer bestimmten Lage. Der Beste – Vintage Port – reift 20 und mehr Jahre.

Der Madeira begeistert mit seinem faszinierenden Spektrum an Düften und Aromen. Auf der subtropischen Insel wird dieser stark oxidierte (*maderisierte*) Wein durch künstliches Erhitzen bei den einfachen Qualitäten, durch Lagerung auf warmen Dachböden bei den besseren erzeugt. Die Weine aus den Sorten Malmsey, Boal, Verdelho und Sercial reifen dann im warmen subtropischen Klima und kommen als trockener, nussiger Sercial oder süßer, an Früchtekuchen erinnernder Malmsey in den Handel.

Frankreich und Italien

Frankreich produziert verschiedene Likörweine, vom honigaromatischen Pineau des Charentes bis zu den roten und weißen Banyuls- und Rivesaltes-Weinen. Banyuls gehört zu den ganz wenigen Weinen, die mit Schokolade harmonieren. Gleich in der Nachbarschaft wird der an Portwein erinnernde Maury gemacht, einer der berühmtesten *Vins doux naturels* des Roussillon. Wie beim Banyuls dominiert auch beim Maury die Rebsorte Grenache Noir.

Der italienische Marsala ist sowohl als Zutat in der Küche wie als Getränk nach Tisch beliebt. Die einfachen Marsala-Weine sind nur süß, die besten trockenen dagegen weich mit nussigem, buttrigem Aroma.

Weitere Länder

Auf der Südhalbkugel haben sich Australien und Südafrika intensiv in der Likörweinproduktion engagiert. Beide Länder erzeugen anständige Weine im Portstil und sogar eine Art Sherry. Die australische Region Rutherglen ist mit ihrem Liqueur Muscat sehr erfolgreich. Seine schokoladigen Karamellaromen passen bestens zu Blauschimmelkäse.

unten Ein Vintage Madeira wird erst nach mindestens 20 Jahren Fassreifung deklariert und mit seinem Jahrgang ausgezeichnet.

Wein genießen

Zu jedem Anlass findet sich ein passender Wein: zum Picknick, für die Grillparty, das noble Abendessen, für den Videoabend mit den Freundinnen oder Freunden, zum mitgebrachten Schnellgericht am Freitagabend. Sie sollen den Wein für die nächste Party im Büro organisieren, wollen eine neue Freundin beeindrucken, haben einen Diabetiker zu Gast – alles kein Problem. Es gibt einige Regeln, welcher Wein zu welchem Essen passt, doch die sind nicht unumstößlich. Man kann Rotwein zum Fisch servieren, und selbst Schokolade verträgt sich mit Wein, man muss nur wissen, mit welchem. Das gilt ebenso für kritische Zutaten. Auch die Temperatur spielt eine Rolle: Zu warm, und der Wein schmeckt wie Marmelade, zu kalt, und seine schöne Fruchtigkeit wird erstickt. Und zum Schluss noch einige Tipps für die Weinbestellung im Restaurant.

Welcher Wein für welchen Anlass?

Die Entdeckung der Weinwelt ist sehr spannend, doch auch andere daran teilhaben zu lassen macht Freude. Erst durch einen gut gewählten Wein wird ein Fest zu einer runden Sache.

oben Für Weihnachten sollte man die Weinauswahl ebenso sorgfältig planen wie das Menü.

Weihnachten

Wir wollen das Fest nicht ganz so üppig angehen und beginnen mit einem Räucherlachs, zu dem ein Blanc-de-Blancs-Champagner oder ein feinfruchtiger, leichter Riesling Kabinett von der Mosel passt. Der klassische Gänsebraten lässt die Wahl zwischen weiß und rot. Ein kräftiger, reifer Riesling (Spätlese) aus der Pfalz oder ein Pinot Noir aus Burgund mit leichtem Wildaroma eignen sich gleichermaßen. Zum süßen Ausklang gibt es in Rotwein pochierte Birnen, und da der Wein in der Süße mithalten muss, servieren Sie entweder roten Likörwein wie Banyuls oder Rivesaltes oder Sie öffnen eine edelsüße deutsche Beerenauslese (Riesling). Käsefreunde gönnen sich ein Stück Stilton mit einem Schluck Vintage Port.

Silvester

Schaumwein, was sonst – am besten Jahrgangs-Champagner von einem guten Erzeuger. Wer mag, kann ein ganzes Menü mit Champagner-Begleitung zusammenstellen. Von *brut* bis *demi-sec* oder *doux*, von jung und leicht bis intensiv nussigem, gereiftem Blanc de Blancs. In großer Runde sorgt jeder andere gut gemachte Schaumwein für Stimmung. Kommt allerdings ein Fleischfondue auf den Tisch, passt ein saftiger

Beaujolais Cru besser. Und den Champagner öffnet man zum Anstoßen um Mitternacht.

Winterliches Abendessen

Zu wuchtigen, fleischigen Eintöpfen und Schmorgerichten gehören wuchtige, fleischige, erdige, nach Trüffeln duftende Rotweine aus Bandol, Bairrada, Amarone, Cabernets aus Osteuropa oder Syrahs aus Übersee. Ein nach Pflaumen schmeckender süditalienischer Primitivo passt ebenso wie andere würzige Weine aus dem Süden. Die richtige Einstimmung auf Ihr winterliches Abendessen bringt ein Gläschen nussiger runder, aber trockener Oloroso-Sherry.

oben Eine Flasche Dolcetto passt bestens zu gegrilltem oder gebratenem Gemüse.

Sommerliches Abendessen

Frische, aromatische Weine begleiten Sie durch einen lauen Sommerabend: ein blumiger argentinischer Torrontés, ein Aligoté aus Burgund oder ein australischer Riesling, der nach frisch gepressten Limonen und Grapefruits duftet. Aus Rueda und Ribeiro in Spanien kommen auch sehr frische Weißweine mit Zitrusnote. Ein Muscadet, am besten *sur lie*, schmeckt immer, als Alternative bietet sich ein Albariño aus dem Nordwesten Spaniens an. Auch Rotwein passt zum Sommer, etwa ein leicht gekühlter Beaujolais, möglichst ein Cru.

unten Servieren Sie Ihren Gästen ein Glas Wein, während Sie Fleisch und Fisch grillen.

Grillparty

Der beste Wein schmeckt nicht, wenn Fleisch oder Fisch über den auflodernden Flammen verkohlt und bitter ist. Richtig gegrillt, über gut durchgeglühter Holzkohle, entwickeln sich dagegen köstliche Röstaromen. Zu Rind wählt man Shiraz, zu Lamm

einen Zinfandel oder kräftigen Ribera del Duero, zu Schwertfisch einen chilenischen Chardonnay mit Vanillenote und zu gegrilltem Gemüse einen Dolcetto.

Picknick

Man sollte unbedingt das Wetter bei der Getränkewahl berücksichtigen: Schwere Chardonnays aus dem Eichenfass oder marmeladige Shiraz-Weine sind nicht das Richtige bei Sommerhitze. Ein Allround-Wein wie Navarra-Rosé (überhaupt Roséwein) ist ideal, er passt zu Fleisch ebenso wie zu frischen Erdbeeren. Und wenn es richtig heiß ist, brauchen Sie einen echten Durstlöscher. Nehmen Sie einen Pinot Grigio aus Norditalien oder einen spritzig leichten Vinho Verde aus Portugal.

Single-Abend

Alleine zu trinken muss nicht trübsinnig sein, solange es nicht zur Dauereinrichtung wird. Aber ein guter Film im Fernsehen oder ein spannendes Buch, dazu eine gute Flasche Wein ist auch einmal ganz schön. Es tut gut, mit einem weichen, saftig-fruchtigen Merlot aus Übersee auf dem Sofa zu entspannen oder einen Teller Spaghetti Carbonara oder gebratenes Gemüse mit einer Flasche Orvieto zu genießen. Sie müssen die Flasche ja nicht bis zum letzten Tropfen leeren, denn es gibt Verschluss-Systeme, um angebrochene Flaschen frisch zu halten.

Essen zu zweit

Perlen zum Auftakt, am besten Jahrgangs-Champagner, danach ein gereifter Burgunder und statt eines Desserts ein Gläschen Eiswein (aus Deutschland, Österreich oder Kanada) – das wäre die Traumbesetzung. Etwas preiswerter starten Sie mit Manzanilla-Sherry zu eingelegten Oliven. Zum gegrillten Hummer öffnen Sie eine Flasche Chablis. Als Digestif ein Glas Brandy, entweder einen schmeichlerisch weichen aus Spanien oder einen herzhafteren Cognac oder Armagnac.

Hochzeit

Man denkt sofort an Champagner, doch wir reden hier über eine größere Gesellschaft mit hundert und mehr Gästen. Ein guter Champagner aus dem Supermarkt passt vielleicht in die Kalkulation. Als exotische, allerdings auch nicht ganz billige Alternative bieten sich hochwertige Schaumweine aus der Neuen Welt an: ein frischer, hefiger Schampus aus Marlborough oder ein fruchtiger aus Tasmanien. Etwas günstiger, aber nicht weniger gut ist das alte Europa: ein deutscher Sekt aus Flaschengärung, Crémant aus Frankreich, Moscato

VOR DEM ESSEN

In seiner spanischen Heimat ist Sherry ein beliebter Aperitif. Die bei uns oft angebotenen pappig süßen Cream-Sherrys kennt man dort nicht. Knochentrockener Fino und Manzanilla oder die ebenfalls trockenen Versionen von Amontillado und Oloroso eignen sich bestens als Einstimmung auf das Essen mit ein paar eingelegten Oliven. Ein Schuss Crème de Cassis verwandelt einen neutralen Weißwein in köstlichen Kir. Champagner oder leichte Weißweine regen die Magensäfte an und wecken den Appetit.

NACH DEM ESSEN

Jetzt haben die süßen Weine ihren Auftritt. Sie schmecken am besten pur oder zu herzhaftem Käse. Süßweine bilden den köstlichen Abschluss eines Essens, und wenn sie eine entsprechende Säure haben – so zum Beispiel die Süßweine aus Deutschland, Österreich, von der Loire und aus Jurançon –, erfrischen sie angenehm den Gaumen. Wer es kräftiger mag, kann zu einem süßen Likörwein greifen: Port, Sherry, Madeira, australischer Liqueur Muscat, Banyuls oder süßer Muscat aus Südfrankreich.

d'Asti und Prosecco aus Norditalien. Oder reichen Sie wie in Spanien einen Fino oder Manzanilla.

Hochzeitstag

Zum ersten Jahrestag sollte es Champagner sein, Jahrgangs-Champagner. Die Jahre zwei bis neun werden natürlich gefeiert, aber nicht ganz so aufwändig mit „einfachem" Champagner. Der zehnte wird mit einem Champagner aus einem renommierten Haus begangen, schließlich hat man die Statistik Lügen gestraft. Zu den nächsten „runden" Jubiläen vielleicht zur Abwechslung einen gut gereiften Burgunder, Bordeaux, Rioja oder Riesling aus dem Elsass. Der fünfzigste verlangt dann wieder nach Jahrgangs-Champagner, feiern Sie sich selbst und suchen Sie einen exzellenten Jahrgang aus.

Geburtstag

Versuchen Sie den Lieblingswein des Geburtstagskindes herauszufinden und wählen Sie einen guten Erzeuger (der Weinhändler berät Sie gerne). Ganz extravagant sind Weine aus dem Geburtsjahrgang. Wenn Ihnen Bordeaux oder Burgund zu teuer sind, greifen Sie zu einem Vintage Port.

Zum achtzehnten Geburtstag, der jugendliche Gaumen ist noch nicht sehr weinerfahren, schenkt man vielleicht besser einen unkomplizierten, gut trinkbaren fruchtigen Wein aus der Neuen Welt ein, etwa einen Merlot oder Chardonnay.

Einladung

Wenn Sie wissen, dass der mitgebrachte Wein gleich getrunken werden soll, erkundigen Sie sich als aufmerksamer Gast vorher nach dem Menü. Suchen Sie passend zur Speisenfolge einen Wein aus, denn ein tan-

linke Seite Für Ihre Hochzeit wollen Sie das Beste, doch lieber einen guten Schaumwein als einen nichts sagenden Champagner.

unten Jeder Anlass und jedes Gericht braucht den richtigen Wein, um ausreichend zur Geltung zu kommen.

oben Zu asiatischen Wok-Gerichten passt sehr gut ein aromatischer deutscher Wein.

ninreicher Roter zu Schalentieren wäre nicht gerade ideal. Sie haben vergessen zu fragen? Nicht so schlimm. Suchen Sie etwas nicht Alltägliches aus, einen großen Barolo aus dem Piemont, einen würzigen Roten oder Weißen von der nördlichen Rhône, einen Spitzen-Merlot aus Chile oder einen Pinot Noir aus Kalifornien. Auch edelsüße Weine wie Sauternes, Monbazillac oder Riesling (Spätlese) erfreuen Ihre Gastgeber mit Sicherheit.

Gesellige Runde

Das ist nicht der Anlass für einen besonders edlen Wein, das Gespräch, die Geselligkeit stehen im Vordergrund. Aber etwas Eindruck wollen Sie schon machen, vielleicht mit einem jungen Marsanne oder einem frischen Chenin Blanc aus Südafrika, auch Sauvignon-Sémillon geht. Zu den Spaghetti Bolognese trinken Sie dann einen Dolcetto oder pfeffrig-würzigen Zinfandel.

Party

Den Wein sollte man den ganzen Abend trinken können, er darf nicht zu sauer, zu holzbetont und zu alkoholisch sein. Das Elsass bietet eine große Auswahl, ein zurückhaltend aromatischer Sauvignon Blanc (beispielsweise aus Bordeaux) oder ein frischer Chardonnay aus dem Languedoc oder von der Südhalbkugel eignen sich gut. Ein italienischer Pinot Grigio ist immer ein Tipp. Wenn Sie aus Angst um Ihren neuen Teppich eigentlich keinen Rotwein anbieten wollten, versuchen Sie es mit einem eher hellen, leicht gekühlten Moulin-à-Vent aus dem Beaujolais.

Betriebsfeier

Perlen im Glas brechen das Eis – im Winter ein *brut*, trocken, aber nicht zu sauer. Cava

links Auch einfache Gerichte gewinnen, wenn man sich ein Glas Wein dazu gönnt.

ist preiswert, doch die billigen sind oft etwas scharf im Abgang. Den stillen Wein stellen Sie sich trocken und rassig vor, aber nicht zu sauer und ohne Eichenaromen? Versuchen Sie es mit einem australischen Riesling oder einem fruchtigen Grünen Veltliner aus Österreich. Der Rotwein sollte eher leicht sein: ein Bardolino aus dem Veneto oder ein ähnlicher spanischer Wein.

Fastfood

Pizza: Ein italienischer Chianti, kalifornischer Sangiovese als Rotwein, mittelschwere Chardonnays, nicht zu holzbetont, als Weißwein.

Chinesisch: Elsässer Gewürztraminer bietet sich an oder ein aromatischer deutscher Riesling. Sie ziehen Rotwein vor? Dann ein leichter Beaujolais oder Trollinger.

Pommes frites: Ja! Den Genuss von Pommes frites kann man steigern. Wagen Sie das Außergewöhnliche und trinken Sie Champagner dazu. Seine Säure lässt sich durch Fett nicht beeindrucken. Aber ein trockener Pinot Blanc aus dem Elsass oder ein neutraler weißer Italiener passen auch.

Curry: Am besten passt Bier, Weinfreunde suchen sich einen aromatischen Weißwein aus den Sorten Muscat, Gros Manseng (Jurançon) oder Marsanne.

Diabetiker

Unter Ihren Gästen ist ein Diabetiker? Keine Sorge, auch für Diabetiker findet sich ein Wein. In Reformhäusern können Sie mittlerweile eine große Auswahl an Diabetikerweinen erhalten, die von der DLG (Deutsche Landwirtschafts-Gesellschaft e.V.) auf ihre Diabetiker-Tauglichkeit geprüft sind.

unten Kühlen Sie einige Flaschen mit duftigem, fruchtigem Wein für einen Abend mit Ihren Freundinnen.

Welcher Wein zu welchem Essen?

oben Rotwein zu gegrilltem Lachs: Probieren Sie einen Pinot Noir statt eines Weißweins.

Die alte Regel „Weißwein zum Fisch, Rotwein zum Fleisch" hat sich überlebt. Rezepte und Weine haben sich verändert. Das heißt nicht, dass alles möglich wäre. Eine schlechte Kombination kann das Essen verderben: Ein trockener Wein zu einer Süßspeise gereicht schmeckt dünn und säuerlich. Zu einem gedünsteten Fisch passt kein robuster, tanningeprägter Rotwein. Und es wäre schade, viel Geld für einen reifen Burgunder auszugeben, um ihn dann zu einem scharfen Gericht zu servieren.

Grundsätzlich sollten Schwere der Speise und Schwere sowie Intensität des Weins in einem ausgewogenen Verhältnis stehen. Es macht wenig Sinn, einen leichten Grenache zu einem kräftigen Rehragout zu reichen, er wäre schlicht verloren. Nehmen Sie einen roten Bandol und schon passt es. Je intensiver die Aromen einer Speise, umso intensiver muss auch der Wein sein.

Sind mehrere Weine zum Menü vorgesehen, dann servieren Sie die leichten vor den kräftigen und die trockenen vor den süßen Weinen.

Berücksichtigen Sie auch die jeweiligen Saucen und die Garmethoden. Ein gedämpfter Fisch ist im Aroma viel zarter als ein auf Holzkohle gegrillter.

Bei der Auswahl des Weins sollten Sie unbedingt darauf achten, dass der Säure- oder Süßegrad sowie der Tanningehalt des Weins zu den Gerichten passen.

Säure

Ein säurebetonter Wein nimmt es auch mit einem fetten Gericht auf, er lässt es sogar leichter erscheinen. Gleichzeitig hebt seine Säure die Aromen, ähnlich wie einige Tropfen Zitrone. Zu Gerichten mit Essig, Zitrone oder anderen Zitrusfrüchten muss ein Wein mit gleichwertiger Säure ausgesucht werden, sonst schmeckt der Wein fad. Das bedeutet fast automatisch Weißwein, doch es gibt auch einige säurebetonte Rote. Auch tanninarme Rote wie Pinot Noir oder Beaujolais sind hier geeignet, nicht jedoch

oben Fleisch passt zu tanninbetonten Weinen, es mildert ihre Gerbstoffe.

tanninreiche, da sie sich mit sauren Speisen beißen. Oder man nimmt einen passenden Rosé.

Süße

Die Faustregel besagt, dass der Wein mindestens so süß sein muss wie die Speise, etwas süßer schadet nicht. Anderenfalls schmeckt der Wein säuerlich und dünn. Süß und salzig zu kombinieren ist schon schwieriger. Aber es gibt gelungene Kombinationen, wie etwa Sauternes mit Foie Gras oder Port mit Blauschimmelkäse. Weniger gängig, aber genauso schmackhaft ist eine deutsche Spätlese zu Jakobsmuscheln in Sahnesauce.

Tannin

Neben einem kräftigen, tanninbepackten Wein hat nur Fleisch Bestand, das ihn etwas abmildert. Viele edle, wuchtige Italiener, wie Nebbiolo oder Brunello, verlangen einfach nach Begleitung durch ein Stück Fleisch. Käse und Eier passen dagegen nicht zu tanninbetonten Weinen, das gilt auch für Fisch.

rechts Muscadet passt gut zu Schalentieren.

IDEALE KOMBINATIONEN

Es gibt viele gelungene Zusammenstellungen von Gerichten mit passenden Weinen. Hier einige Beispiele:

Oliven und Manzanilla
Pata-Negra-Schinken und Navarra Rosé
Zampone und roter Lambrusco
Grüner Salat und trockener Riesling Spätlese
Gegrillter Hummer und Chablis Premier cru
Meeresfrüchteplatte und Muscadet *sur lie*
Pasteten und fränkischer Silvaner
Terrinen und Riesling Kabinett
Spargel und Sauvignon Blanc
Spaghetti mit Pesto und Sangiovese
Tagliatelle mit Lachs und Trebbiano
Salami-Pizza und Dolcetto
Geschmorter Ochsenschwanz und Zinfandel
Lammbraten und Ribera del Duero
Wildragout und Barossa Shiraz
Foie Gras und Sauternes
Ziegenkäse und Sancerre
Blauschimmelkäse und Vintage Port
Desserts aus Bitterschokolade und Maury
Parmesan und süßer Oloroso
Himbeer-Crêpe und Eiswein
Lauwarmer Apfelkuchen aus Mürbeteig und Riesling Trockenbeerenauslese

Ideale Kombinationen

Knabbereien

Manzanilla oder Fino sind ideal zu Oliven und Käsekräckern. In ihrer spanischen Heimat werden diese trockenen, würzigen Sherrys schon lange geschätzt, bei uns kommt man inzwischen auch auf den Geschmack. Probieren lohnt sich. Zur Anregung der Magensäfte vor dem Essen brauchen wir etwas Säure. Ein Champagner ist immer ein stilvoller Auftakt, deutscher Sekt aus Flaschengärung oder kalifornischer Schaumwein ist auch nicht schlecht.

Fisch

Fisch verlangt nach Weißwein. Falsch, viel zu allgemein: Welcher Weißwein? Welcher Fisch? Zwischen Seezunge und Schwertfisch liegen Welten. Wird er gegrillt, gedämpft, pochiert oder gebraten? Servieren Sie ihn mit Sauce, zum Beispiel einer säuerlichen Kapernbutter?

Zu einem über Holzkohle gegrillten Wildlachs passt ein barriquegereifter Weißer besser als ein neutraler Orvieto. Orientieren Sie sich an Schwere und Intensität des Gerichts: Zu einem schweren Essen gehört ein entsprechend schwerer Wein. Klare, frische Meeresfrüchte brauchen klare, frische Weine. Sogar ein salzig-herber Manzanilla-Sherry eignet sich dazu. Fisch und Rotwein? Ein Pinot Noir aus Oregon eignet sich bestens für gebratenen Thunfisch, auch Lachs und Merlot vertragen sich.

Fleisch

Auch hier ist die Zubereitung entscheidend. Bei einer gebratenen Lammkeule mit Rosmarin haben Sie die Auswahl: Rioja, Ribera del Duero, Bordeaux, Burgunder – eigentlich passt jeder gehaltvolle Rotwein.

Chili verlangt nach einem ausgeprägt fruchtigen, tanninarmen Wein: vielleicht

links Süße Weine mit Honignote passen zu Fruchtdesserts aus Aprikose, Pflaume und Pfirsich.

einem Grenache aus Südfrankreich oder einem Zinfandel von der kalifornischen Central Coast. Zu Wild empfehlen sich erdige Weine mit Wildaromen wie Pinot Noir, Bandol oder Nebbiolo.

Gemüse

Gemüse braucht kräftige Weiße, etwa einen Riesling aus Australien oder einen Sauvignon Blanc aus Neuseeland. Denken Sie auch hier an die Garmethode. Zu gebratenem Gemüse passen intensiv aromatische Weine mit guter Säure: Elsässer Riesling, ein junger australischer Verdelho oder ein Pinot Gris aus Oregon. Wird das Gemüse als Beilage gereicht, richtet man sich nach dem Fleisch oder dem Fisch. Zu einem Salat mit pikantem Dressing passt am besten ein pikanter, spritziger Wein wie Muscadet *sur lie*, Soave oder Pinot Grigio.

Desserts

Eigentlich sind nur zwei Dinge zu beachten. Erstens sollte der Wein mindestens so süß, wenn nicht süßer sein als das Dessert selbst, da er sonst völlig untergehen würde. Zweitens: Wein und Eisdessert passen einfach nicht zusammen. Es gibt allerdings eine Ausnahme, denn mit etwas Pedro-Ximénez-Sherry beträufelte Vanille-Eiscreme ist eine Delikatesse. Man kann aber auch versuchen, den Wein zu den speziellen Geschmacksnoten eines Desserts auszuwählen. Zu einer Aprikosentarte mit Mandeln reicht man einen Passito di Pantelleria aus Süditalien, der ebenfalls nach Aprikosen und gerösteten Mandeln schmeckt.

linke Seite Zu gegrilltem Fisch schmeckt ein klarer, herber Weißwein.

rechts Pikante, lebhafte Weine zum Salat müssen auch zum Dressing passen.

Käse

Rotwein und Käse passen bestens zusammen – mit diesem Mythos muss endlich aufgeräumt werden. Meistens tun sie es nicht, und Weißwein eignet sich viel besser. Und je kräftiger der Käse, umso süßer der Wein. Probieren Sie einmal einen süßen Sherry zu Stilton: ein Traumpaar. Oder einen Sauternes zu Roquefort, Sie werden begeistert sein. Auch australischer Liqueur Muscat schmeckt zu Blauschimmelkäse. Ein Ziegenkäse ist neben einem tanninbetonten Rotwein verloren, besser ist ein Sauvignon Blanc von der Loire. Reifer Camembert verlangt nach etwas Kräftigem, vielleicht sogar mit Eichennote.

Schwierige Zutaten

Essig

Bei Essig schrillen die Alarmglocken, ein echter Problemfall, selbst in Form von sauer eingelegtem Gemüse. Nehmen Sie einen milden Essig wie Sherry-Essig oder Balsamico für das Dressing oder nur einen Schuss Wein. Kapern sollten gründlich gewässert sein, bevor sie an die Sauce gegeben werden. Chutney und Wein sollten am besten nicht kombiniert werden.

oben Tomaten enthalten viel Säure, wählen Sie dazu einen säurearmen, leicht würzigen Roten, wie einen Dolcetto.

Geräucherte Speisen

Hängt davon ab, wie stark sie geräuchert sind. Bückling und Wein passen nicht zusammen, versuchen Sie es mit Bier und Korn. Räuchermakrelen lassen jeden Wein metallisch schmecken. Räucherlachs ist verträglicher: Ein gereifter Grüner Veltliner aus Österreich passt gut, ebenso ein Chardonnay aus der Neuen Welt mit leichter Eiche oder ein aromatischer Elsässer. Auch ein Champagner mit hohem Chardonnay-Anteil kommt gegen den fetten Fisch an. Geräuchertes Fleisch ist weniger heikel, Hauptsache, den kräftigen Aromen steht ein kräftiger Wein entgegen.

Joghurt

Joghurt verträgt sich nicht mit Wein. Die Griechen haben eine Lösung gefunden, sie trinken zu Speisen mit Joghurt den geharzten Retsina. Wirklich die einzige Möglichkeit.

Eier

Eier pur sind problematisch mit Wein. Mit einer kräftigen Sauce sieht es besser aus, dann wird der Wein passend zur Sauce gewählt. Generell eignen sich eher Weiß- als Rotweine zu Eiergerichten. Ein Chardonnay mit leichter Eiche harmoniert mit Saucen auf Eierbasis wie Sauce hollandaise und schmeckt auch zu einer Quiche.

Schokolade

Entgegen einer verbreiteten Ansicht finden Schokolade und Wein durchaus zusammen. Zu dunkler Edelbitterschokolade mit hohem Kakaoanteil passt ein Maury. Tawny Port verträgt sich großartig mit gehaltvollen Schokoladepuddingen, oder wagen Sie sich an einen australischen Liqueur Muscat.

Chili

Tannin und Chili vertragen sich gar nicht, suchen Sie bei Rotwein nach einer weicheren, leichteren Rebsorte wie Gamay oder Pinot Noir aus Übersee.

Merlot aus der Neuen Welt passt gut zu mexikanischen Gerichten. Sie können aber zu einem scharfen Gericht auch einen einfachen, neutralen Weißwein servieren.

Ingwer

Ingwer ist weniger schwierig als gedacht, der Wein sollte auf alle Fälle ausreichend aromatisch sein: Argentinischer Torrontés hält stand, ebenso Riesling und Gewürztraminer aus dem Elsass oder anderen Gebieten. Auch Muskateller oder ein Viognier kommen in Frage.

Zitrusfrüchte

Der Wein muss mit der Säure zurechtkommen, in süßen wie in salzigen Speisen. Zu Grapefruitaromen empfiehlt sich ein Jurançon aus Gros Manseng, zu Zitrone ein australischer Verdelho oder Riesling aus dem Clare Valley. Zu Zitronenpudding und Ente mit Orange passt ein deutscher Riesling mit Prädikat Spätlese, zu Orangenpudding ein süßer Setúbal.

Tomate

Tomaten enthalten viel Säure. Spaghetti mit kräftiger Tomatensauce vertragen einen Roten aus Norditalien, etwa einen Dolcetto. Zu frisch aufgeschnittenen Tomaten reicht man weißen Sauvignon Blanc oder Pinot Grigio.

Artischocken

Diese Gemüseart ist eine berühmt-berüchtigte Herausforderung für Wein, doch Weißweine aus der portugiesischen Region Dão bestehen sie. Auch ein Sauvignon Blanc aus Neuseeland passt.

rechts Aromatische Weine wie ein australischer Sémillon bestehen auch neben einer Orangensauce.

SCHWIERIGE ZUTATEN

Essig	deutscher Riesling Kabinett
Geräuchertes	für Räucherlachs Grüner Veltliner (Österreich), Riesling (Deutschland oder Elsass), Blanc-de-Blancs-Champagner; für Räucherfleisch Pinot Noir, Nebbiolo oder Zinfandel
Joghurt	Retsina, trockene Italiener, weiß oder rosé
Eier	einfacher weißer Burgunder, Elsässer Pinot Blanc, Pinot Grigio
Schokolade	für leichte Schokodesserts einfacher Muscat oder Recioto; für üppigere Schokodesserts Maury, Tawny Port, australischer Liqueur Muscat
Chili	Sauvignon Blanc, Pinot Noir, Merlot oder Shiraz aus der Neuen Welt, Beaujolais
Ingwer	Torrontés, Riesling, Elsässer Gewürztraminer, trockene Muscats, Viognier, Sauvignon Blanc
Zitrusfrüchte	für Grapefruit Gros Manseng, für pikante Zitrone Sauvignon Blanc, für süße Zitrone Riesling Spätlese, für pikante Orange australischer Sémillon oder deutscher Riesling, für süße Orange Setúbal
Tomaten	zu Saucen Dolcetto oder Sangiovese, zu Salaten Sauvignon Blanc oder Pinot Grigio
Trüffel	roter Bandol, reifer Burgunder, Rioja, Douro-Rotweine
Artischocken	weißer Dão, Sauvignon Blanc aus Neuseeland, Verdicchio
Spargel	Sauvignon Blanc, Chardonnay (kein Barrique), Pinot Blanc

Kochen mit Wein

oben Wie bei allen Zutaten gilt auch beim Wein: je besser der Wein, desto besser das fertige Gericht.

Kann ich den schon länger geöffneten Wein für mein Schmorfleisch nehmen? Eignet sich korkiger Wein als Kochwein? Kann ich mit dem sauren Weißen Ossobuco kochen? Werde ich betrunken, wenn ich Moules Marinières esse? Klare Antwort auf alle Fragen: nein.

Ein oxidierter Wein im Gericht hat die Geschmacksnote von Essig. Bleibt nach dem Essen etwas Wein übrig, frieren Sie ihn in Eiswürfelbehältern ein und verwenden Sie ihn für Saucen oder zum Marinieren.

Ein korkiger Wein wird durch das Kochen in der fertigen Sauce noch muffiger schmecken. Für ein stundenlang geschmortes Lammgericht brauchen Sie allerdings auch nicht Ihre teuerste Flasche zu opfern, denn Wein und Fleischsaft werden sich intensiv vermischen. Die billigste sollte es auch nicht sein, denn der Grundcharakter des Weins teilt sich dem Essen mit.

Generell gilt: Was zum Trinken gut genug ist, taugt auch zum Kochen. Rotwein bringt mehr Aroma als Weißwein. Die Säure des Kochweins findet sich in der Sauce wieder, deshalb säurebetonte Weine beim Kochen meiden und Weißwein immer mit gleichen Teilen Wasser mischen.

In vielen Ländern verwendet man Wein in der Küche, denn er verleiht den Gerichten eine ganz eigene geschmackliche Dimension. Durch Köcheln in Saucen und Schmorgerichten entwickelt er eine sanfte Geschmacksfülle. Beim Erhitzen verflüchtigt sich auch der Alkohol. Durch Wein wird ein einfaches Stück Fleisch veredelt und ein nicht mehr taufrischer Seeteufel zu neuem Leben erweckt. Wein ist in jedem Stadium nützlich, beim Einlegen von Fleisch wie beim Pochieren von Birnen.

Brühen und Fonds

Wein bildet oft anstatt Wasser oder mit Wasser vermischt die Basis für Saucen und Suppen. Für Risottogerichte ist Wein unabdingbar, Wildfonds werden mit Rotwein, Hühnerbrühe oder Fischfond mit Weißwein geschmacklich abgerundet.

Marinaden

In der griechischen Küche wird oft Fleisch (Rind, Schwein, Kaninchen oder Hase) über Nacht in Rotwein mariniert und dann fünf Stunden lang weich geschmort.

Mit etwas Vorausplanung, einer Flasche Rotwein und einem Stück Fleisch lässt sich einiges bewerkstelligen. Zunächst legt man das Fleisch in Rot- oder Weißwein ein, dann dient die Marinade zum Ablöschen oder als Saucenbasis. Zum Schnellmarinieren eignen sich Madeira und Sherry.

Ablöschen

Mit etwas Wein löst man, nachdem das Fleisch herausgenommen wurde, die anhaftenden Bratrückstände in der Pfanne oder auf dem Bratblech. Einkochen, durch ein Sieb gießen – und fertig ist die feine Sauce.

Courtbouillon

Eine Courtbouillon ist ein Fond, zubereitet mit einem Schuss Wein (möglichst fruchtig), ideal zum Pochieren von Fischen und Schalentieren, aber auch für die Zubereitung von Innereien und hellem Fleisch. Ein darin pochierter ganzer Lachs ist köstlich. Rot- wie Weißwein sind geeignet, für Schalentiere passt Weißer am besten.

Saucen

Viele, vor allem französische Saucen enthalten Wein. Sauce béarnaise wird aus Weißwein, Schalotten und Estragon gemacht, mit Butter aufgeschlagen und mit Zitronensaft sowie Cayennepfeffer abgeschmeckt. Für Sauce Bercy benötigt man Fischfond, Weißwein, Schalotten und Butter, und Périgueux enthält Madeira und Trüffeln.

Eintopfgerichte

Coq au Vin ist ein Klassiker, und es gibt zahlreiche andere mit Wein zubereitete Eintöpfe. Fleisch (oder Fisch) entwickelt beim langsamen Kochen mit Wein eine besondere Geschmacksfülle. Jede Weinbauregion hat ihre eigenen Eintopfgerichte auf Weinbasis, und am besten passt dazu der lokale Wein.

Desserts

Haben Sie schon einmal Birnen in Rotwein pochiert? Sollten Sie unbedingt probieren, geht ganz einfach und schmeckt himmlisch. Oder Erdbeeren kurz in Rotwein marinieren, das steigert das Aroma. Viele Desserts werden mit Wein zubereitet: von der aus Marsala aufgeschlagenen italienischen Zabaglione bis hin zu der fruchtigen Weinschaumcreme mit Weißwein.

unten Wie in vielen Weinländern ist in Italien das Kochen mit Wein ganz selbstverständlich.

Gerichte mit Wein

Viele Rezepte verwenden Wein, um das Aroma der Speisen zu verstärken. Hier werden drei Klassiker vorgestellt. Andere sind Risotto con vongole, Rinderschmorbraten, Coq au Vin, Sauerbraten, Oktopus in Rotwein, Stifado und Zabaglione.

MOULES MARINIÈRES (für 8 Personen)

ZUTATEN

4 kg Miesmuscheln
150 g Butter
1 Zwiebel, grob gehackt
4 Schalotten, grob gehackt
200 ml Weißwein
Salz
frisch gemahlener schwarzer Pfeffer
1 EL gehackte Petersilie

ZUBEREITUNG

1. Die Muscheln gut abbürsten und die Bärte entfernen. Muscheln mit zerbrochenen Schalen wegwerfen.
2. Butter in der Pfanne schmelzen, Zwiebel und Schalotten zugeben und andünsten. Muscheln zufügen und mit Weißwein ablöschen. Mit Salz und Pfeffer abschmecken. Kochen, bis sich alle Muscheln geöffnet haben. Geschlossene Muscheln wegwerfen.
3. Auf einer Platte anrichten und mit Petersilie bestreuen.
4. Mit einem Muscadet *sur lie* oder einem frischen Italiener wie Orvieto servieren.

DAUBE D'AUBERGINES (für 6 Personen)

ZUTATEN

750 g Auberginen
Salz
750 g Tomaten, gehäutet und gewürfelt
30 ml Rotwein
eine kräftige Prise Salz
frisch gemahlener schwarzer Pfeffer
2–3 TL Zucker
1 Knoblauchzehe, zerdrückt
1 TL getrockneter Thymian
1 Lorbeerblatt
Olivenöl
1 Bund Petersilie, fein gehackt

ZUBEREITUNG

1 Die Auberginen schälen und der Länge nach in dicke Scheiben schneiden.
2 Mit Salz bestreuen und eine halbe Stunde ziehen lassen.
3 Inzwischen Tomaten, Wein, Salz, Pfeffer, Zucker, Knoblauch, Thymian und Lorbeerblatt in einen großen Topf geben und bei sanfter Hitze 20 Minuten köcheln.
4 Das Salz von den Auberginen abwaschen, die Scheiben trocknen und in der Pfanne in Öl braten, bis sie braun werden. Überschüssiges Öl mit Küchenpapier abtupfen.
5 Die Auberginen zur Tomatensauce geben und zusammen etwa eine halbe Stunde sanft köcheln, wenn nötig, Wasser angießen.
6 Kurz vor Ende der Kochzeit die Petersilie zugeben.
7 Mit einem kräftigen *Vin de pays* servieren.

BOEUF BOURGUIGNON (für 8 Personen)

ZUTATEN

4 Zwiebeln
4 Karotten
2 Stangen Staudensellerie
1 Knoblauchknolle
2 kg Rindfleisch von Bug und Schultern, in große Würfel geschnitten
2 Flaschen roter Burgunder
100 g Butter
1 l Rinderbrühe
1 Bouquet garni (Thymian, Lorbeer, Petersilie)
Salz und Pfeffer

ZUBEREITUNG

1 Das Gemüse in grobe Stücke schneiden, den Knoblauch häuten und in Zehen zerteilen.
2 Das Gemüse zusammen mit dem Fleisch und Rotwein 24 Stunden marinieren.
3 Fleisch und Gemüse aus der Marinade nehmen, abtropfen lassen. Marinade aufbewahren.
4 In einer Kasserolle die Butter schmelzen und das Fleisch mit dem Gemüse darin anbräunen.
5 Mit der Marinade und der Rinderbrühe aufgießen, Bouquet garni zugeben.
6 Abdeckt bei geringer Hitze 3–3½ Stunden köcheln.
7 Mit Salz und Pfeffer abschmecken und natürlich mit einem Burgunder servieren.

Wein servieren

oben Gläser mit tulpenförmigem Kelch eignen sich für Rote und Weiße, doch Rotweingläser sollten etwas größer sein.

Das geeignete Glas

Schade um jeden guten Wein, der aus einem ungeeigneten Glas getrunken wird. Nur mit einem entsprechend geformten Glas nehmen Sie all die großartigen Aromen wahr. Tatsächlich beeinflusst die Glasform den Geschmack eines Weins. Die Krümmung der Glaswand bestimmt, wo der Wein in Ihrem Mund landet und welche Geschmacksknospen jeweils angesprochen werden.

Der österreichische Glashersteller Claus Josef Riedel wurde weltweit mit seiner Theorie bekannt, dass die Form des Glases sowohl Duft als auch Geschmack eines Weins beeinflussen. Er entwickelte unzählige, auf die Aromakomponenten der verschiedenen Rebsorten abgestimmte Gläser. Damit nicht genug, die Sorten werden sogar noch nach Herkunft unterschieden: Der Sauvignon Blanc aus Neuseeland mit seinem Stachelbeeraroma bekommt ein anderes Glas als der französische Sancerre aus der gleichen Traube, aber mit grasiger Note. Auch das Alter des Weins spielt eine Rolle. Damit der Wein immer optimal zur Geltung kommt, gibt es von Riedel verschiedene Gläser für einfachen und für Jahrgangs-Champagner. Keine Angst, Sie müssen nun nicht Hunderte von Weingläsern kaufen, um Wein richtig genießen zu können.

Als Grundausstattung genügen zunächst zwei Gläsertypen, beide mit tulpenförmigem Kelch und langem, schmalem Stiel: Rotweine benötigen ein großes Volumen, für Weißweine ist ein etwas kleineres ausreichend. Tatsächlich gilt für Rote: je größer, desto besser. Rotweine, vor allem etwas reifere, brauchen Raum zum Atmen, damit die großartigen Fruchtaromen freigesetzt werden. Und das Glas nie randvoll gießen, bis zur Hälfte genügt.

Regelmäßige Schaumweintrinker brauchen Sektflöten, die mit ihrem hohen, schmalen Kelch die Perlen länger bewahren. Vergessen Sie die weit geöffneten Schalen (angeblich den Brüsten Marie Antoinettes nachgebildet), in denen der Sekt sofort schal wird.

Sherry und andere Likörweine erfordern wegen des höheren Alkoholgehalts etwas kleinere Gläser als für Wein üblich. Die *copita*, das traditionelle Glas der Sherry-Region, eignet sich auch für andere gespritete Weine. Nehmen Sie nie diese winzigen Likörgläschen, die leider immer noch in vielen Bars und Restaurants üblich sind.

Vermeiden Sie Gläser mit unschönen, wulstigen Rollrändern, wie beispielsweise das weit verbreitete Bistroglas (Ballon), der Weingenuss wird dadurch beeinträchtigt. Diese plumpen Gläser sollten umgehend aussortiert werden. Es gibt ein großes Angebot von preiswerten, maschinell gefertigten Weingläsern ohne hässlichen Rand und mit geeigneter Form. Aus Osteuropa kommen inzwischen bezahlbare Kristallgläser. Ungeeignet sind Gläser mit Schliff oder gefärbtem Stiel, die vielleicht schön aussehen, aber eine eingehende Beurteilung der Färbung und Klarheit eines Weins unmöglich machen.

Noch ein Wort zu Aufbewahrung und Reinigung. Bei Gläsern, die mit der Öffnung nach unten im Schrank stehen, wird die eingefangene Luft muffig, und das kann den Wein verderben. Auch Zigarettenrauch überträgt sich auf Gläser, die in der Nähe aufbewahrt werden. Selbst die geringsten Spülmittelreste beeinträchtigen den Weingeschmack, und Fett lässt Sektperlen augenblicklich zusammenfallen. Am besten die Gläser nur mit heißem Wasser ausspülen und mit einem fusselfreien Geschirrtuch abtrocknen.

unten Likörweine wie Sherry sind stärker und werden deshalb in kleineren Gläsern (oben) serviert, Champagner in Flöten (unten), die die Perlen lange bewahren.

Korken und Korkenzieher

Eines Tages werden alle Weinflaschen einen Schraubverschluss haben. Unvorstellbar, einen altehrwürdigen Spitzen-Bordeaux aus dem Keller zu holen und dann am Tisch einen profanen Verschluss aufzudrehen. Vermutlich werden sich Spitzenweingüter in Bordeaux und anderswo bis zum letzten Atemzug dagegen wehren. Dabei spricht wissenschaftlich betrachtet nur der Snobismus gegen seine breitere Anwendung.

Kunststoffkorken, wie sie einige Toperzeuger jetzt einsetzen, finden sich bisher noch überwiegend im Marktsegment der günstigeren Weine.

Die Auswahl an Weinen im Tetrapak ist sehr begrenzt. Völlig ungeeignet ist die Dose als Weinverpackung. Warum soll man dann überhaupt nach einer Alternative zum Korken suchen, schließlich spielt er eine wichtige Rolle in dem noch immer rätselhaften Reifungsprozess. Leider können Korken schrumpfen und Schimmelpilze trotz Sterilisierung bei der Herstellung an den Korken haften bleiben. Der Wein wird dadurch ganz unterschiedlich beeinflusst, vom leichten Essigton bis hin zu modrigem Kellergeschmack. Viele werden einen leichten Korkgeschmack gar nicht als solchen identifizieren und den Wein wegkippen, weil er nicht gut schmeckt. Wenn Sie aber den Korkgeschmack erkennen, können Sie den Wein beim Händler reklamieren und Ersatz fordern.

unten Vielleicht werden Korken bald von modernen Schraubverschlüssen oder bunten Kunststoffkorken verdrängt.

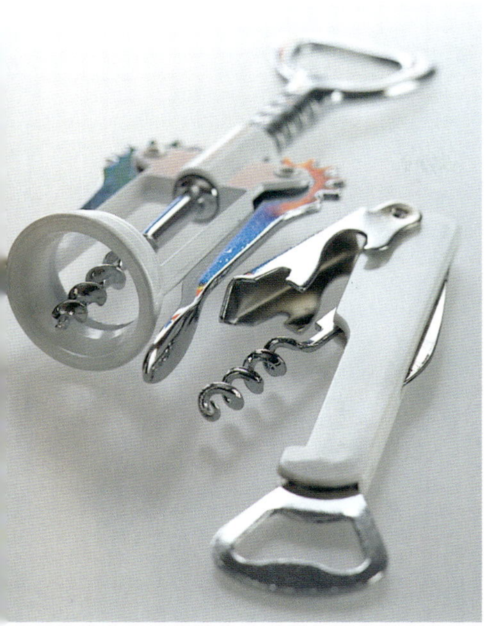

links Screwpull und Sommelier-Korkenzieher sind mit die beliebtesten der zahllosen Korkenziehervarianten.

Wie kommt es zum Korkgeschmack?

Noch fehlen eindeutige Beweise, doch viele machen die Behandlung der Korken dafür verantwortlich. Die Korken (meist von portugiesischen und spanischen Korkeichen) werden häufig in Chlorbleiche behandelt, gewaschen und dann getrocknet. Dabei können sich unbeabsichtigt übel riechende Chlorverbindungen wie das Trichloranisol (TCA) bilden, das selbst in kleinsten Mengen wahrnehmbar ist. Die Korkindustrie sucht deshalb nach alternativen Bleichverfahren. Auch durch die Lagerung oder beim Transport können die Korken Fremdgerüche annehmen.

Entfernen des Korkens

Genug Wissenschaft, jetzt muss der Korken aus der Flasche. Bei den Gerätschaften haben Sie die Wahl: Screwpull, Leverpull, Sommelier-Korkenzieher, T-Korkenzieher, Schmetterling und viele mehr.

Sehr empfehlenswert ist der Screwpull, eine ursprünglich amerikanische Erfindung, die weltweit kopiert wurde. Gleich danach kommt der Sommelier-Korkenzieher, das wichtigste Werkzeug der Weinkellner rund um den Globus. Damit lassen sich fast alle Flaschen öffnen, und er ist klein zusammenklappbar.

An die Arbeit

Zunächst die Kapsel oben am Flaschenhals abschneiden. Es gibt auch spezielle Kapselschneider zu kaufen. Den Flaschenrand abwischen. Die Spindel mit der Spitze in der Mitte des Korkens aufsetzen und unter sanftem Druck eindrehen. Hat die Spitze das untere Korkende erreicht, den Korken vorsichtig herausziehen.

Bei Schaumwein zunächst die Folie und das Drahtkörbchen entfernen. Dann mit einer Hand die Flasche, mit der anderen den Korken festhalten. Die Flasche leicht in die eine, den Korken in die andere Richtung drehen. Nie auf Personen zielen und nie den Korken knallen lassen, da hierbei zu viel Kohlensäure und Aroma entweichen.

unten Nach dem Abschneiden der Kapsel den Rand abwischen, dann die Spindel eindrehen und den Korken vorsichtig herausziehen.

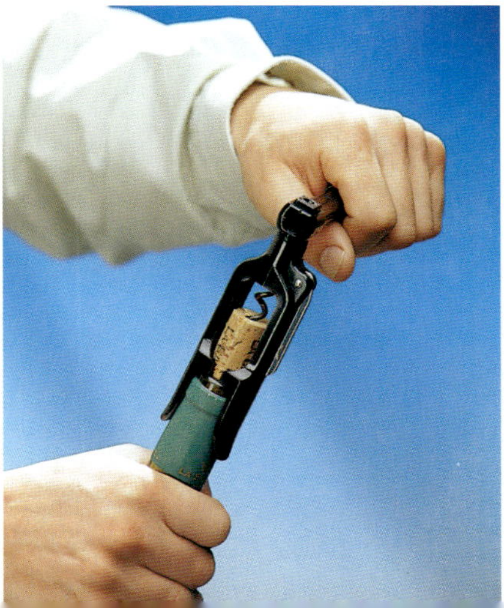

Weinfehler erkennen

„Igitt, der riecht wie alter Keller, den kauf ich ganz bestimmt nicht mehr!" Schlimm, wenn der Wein vom Erzeuger schlecht verkorkt wurde. Aber eine zweite Flasche von dem gleichen Wein schmeckt vielleicht ganz anders und ist einwandfrei, es sei denn, die ganze Charge sollte verdorben sein. Lassen Sie sich nicht abschrecken, es gibt Klagen, dass etwa jede zwölfte Flasche „korkig" schmeckt. Aber was bedeutet eigentlich „korkig"? Die Korkstückchen, die nach Entfernen eines hartnäckigen Korkens im Glas schwimmen, sind jedenfalls nicht damit gemeint.

oben Einen unangenehmen Korkgeschmack riechen Sie bereits von weitem, Sie können es sich ersparen, ihn auch noch im Mund zu schmecken.

Ab und zu überleben einige Pilzsporen den Sterilisationsprozess und verbleiben im Korken. Kommt er in Kontakt mit dem abgefüllten Wein, nimmt dieser den muffigen, modrigen Geruch und Geschmack auf. Er „korkelt" und wird als „Korkschmecker" bezeichnet. In leichten Fällen ist der Wein beeinträchtigt, bleibt aber trinkbar. Korkgeschmack tritt in unterschiedlichen Schweregraden auf.

Im Restaurant können Sie die Flasche reklamieren und eine neue verlangen. Passiert es zu Hause, können Sie die Flasche beim Weinhändler oder im Supermarkt umtauschen. Schade, wenn der Wein ein Geschenk oder etwas Besonderes war, da hilft nur eins: wegkippen und eine andere Flasche öffnen.

Kork ist leider nicht der einzig mögliche Weinfehler. Wenn der Muscadet deutlich gelber gefärbt ist als sonst oder der junge Rotwein auffällig braun aussieht, sind sie möglicherweise oxidiert. Das passiert, wenn ein Wein mit zu viel Luft in Kontakt kam. Vielleicht war die Lagerung mangelhaft, und der Kork ist ausgetrocknet und geschrumpft. Der Wein schmeckt dann dumpf und schal, im schlimmsten Fall nach Essig.

Manchmal riecht ein Wein unangenehm nach faulen Eiern (Böckser). Das ist etwas anderes als der ebenfalls vorkommende Geruch abgebrannter Streichhölzer (Schwefeldioxid), der sich an der Luft meist rasch verliert.

Fast alle Winzer der Welt verwenden Schwefeldioxid. Es wird den Trauben nach der Lese und dem Wein vor der Abfüllung zugesetzt, um ihn frisch zu halten. Der Geruch fauler Eier ist ein echter Schaden, er kommt vom Schwefelwasserstoff, der bei unsachgemäßer Gärung entstanden ist.

Wein sollte klar sein. Die im Trend liegenden unfiltrierten Weine sind ganz leicht trüb. Manchmal signalisiert eine Trübung auch Bakterienbefall. Aber schütten Sie den alten Burgunder, den Sie gerade aus dem Keller geholt haben und der etwas trübe aussieht, nicht gleich weg. Lassen Sie ihn einige Zeit aufrecht stehen, damit sich das Depot wieder setzen kann, und dekantieren Sie ihn anschließend, den Rest gießen Sie durch ein feines Tuch.

Weiße Kristalle im Weißwein sind kein Grund zur Sorge. Das ist Weinstein, der sich bei säurereichem Weißwein ganz natürlich bildet. Weder Gesundheit noch Geschmack werden dadurch beeinträchtigt.

WEINFEHLER: URSACHEN UND LÖSUNGEN

Fehler	Ursache	Lösung
Korkgeschmack	Pilz	Flasche reklamieren
Oxidation	Luftkontakt	wegschütten
Schwefel	Überdosierung	lüften
Schwefelwasserstoff	Sauerstoffmangel	wegschütten
Trübung	Bakterien	wegschütten

Dekantieren

Dekantieren ist nur dann wirklich notwendig, wenn sich ein Depot am Boden der Flasche abgesetzt hat. Das kommt nur bei sehr alten Weinen vor. Bei alten Burgundern beispielsweise ist das Sediment so fein, dass eine frisch transportierte Flasche zunächst nicht getrunken werden kann, sondern erst einmal ruhen muss. Wurde die Flasche, wie es sich gehört, liegend gelagert, muss sie ein oder zwei Tage aufrecht stehend ruhen, bis sich das Depot erneut abgesetzt hat.

Nach dem Öffnen gießt man den Wein in einem langsamen, aber stetigen Strom in die Karaffe, sobald die Ablagerungen im Flaschenhals erscheinen, abbrechen. Meist bleibt nur ein kleiner Rest verunreinigter Wein in der Flasche, der notfalls noch durch ein Stück Mousseline abgesiebt werden kann.

Warum dekantieren manche auch relativ junge Weine? Durch Dekantieren kann ein tanninbetonter, jugendlich ungestümer Wein etwas weicher werden. Das Geheimnis liegt im Sauerstoff, dem der Wein beim Umfüllen von der Flasche in die Karaffe ausgesetzt wird. Der Wein kann „atmen", und bei reiferen Weinen entfalten sich Bukett und Aromen.

Bei billigem Wein bringt Dekantieren allerdings nicht viel. Auch in einer geöffneten Flasche hat der Wein Sauerstoffkontakt und atmet. Alten Wein sollte man nicht zu lange vor dem Trinken öffnen, er könnte sonst sein ganzes Aroma verlieren.

links Nur bei alten Weinen mit viel Depot ist Dekantieren notwendig.

Die richtige Temperatur

Ob dekantiert oder in der Flasche, den Rotwein zum Aufwärmen an den Kamin oder die Heizung zu stellen empfiehlt sich nicht. Warmer Rotwein wird schal und schmeckt danach wie Marmelade. Auch ein zu stark gekühlter Weißwein verliert seinen Duft und Geschmack. Da hilft nur das Anwärmen im Glas durch Umschließen mit beiden Händen.

Was sind nun die perfekten Serviertemperaturen? Für junge, trockene Weißweine, Schaumweine, sehr süße Weine und Rosés nicht mehr als 8 °C. Wuchtigere Chardonnays, aromatische Elsässer und ausdrucksstarke Viogniers dürfen ein bisschen wärmer sein, sie schmecken am besten bei 10 °C. Auch Jahreszeit und Wetter spielen eine Rolle: Im Winter mag man die Weißen etwas weniger kalt als an einem heißen Sommertag.

Bei Rotwein sollte man die noch immer empfohlene „Raumtemperatur" als Anhaltspunkt vergessen und ihn mit 17 °C servieren. Einige leichtere, fruchtige Rotweine wie Beaujolais oder Dolcetto schmecken leicht gekühlt am besten.

Für eilige Fälle haben sich Kühlmanschetten, die man im Gefrierfach bereithält, bewährt. Eine Flasche Weißwein ist im Nu trinkbereit gekühlt. Ein Weinkühler, gefüllt mit Eiswürfeln, Wasser und etwas Salz, das das Eis schneller schmelzen lässt, hilft auch. Füllt man den Weinkühler mit warmem Wasser (21 °C), kann eine kellerkalte Flasche in etwa acht Minuten auf ideale Trinktemperatur gebracht werden.

unten Ein Weinkühler, gefüllt mit Eis, Wasser und etwas Salz, kühlt eine Flasche Weißwein in kürzester Zeit ab.

Wein im Restaurant

Fast jeder hat leidvolle Erfahrungen bei Weinbestellungen im Restaurant gemacht: mit dem arroganten Sommelier, der die Andeutung, der Wein sei korkig, einfach ignoriert. Oder einem Sommelier, der einen doppelt so teuren Wein empfiehlt, als ursprünglich gedacht. Arrogante Kellner, die die Nase rümpfen, wenn der Gast den Weinnamen falsch ausspricht, haben die Gastronomie in Verruf gebracht. Das ändert sich zum Glück, heute freut sich das hilfsbereite Personal in einem guten Restaurant, die Weinkarte präsentieren zu dürfen.

Wein ist populär wie kaum zuvor, das zeigen die Weinkarten der Restaurants mit einer beachtlichen Auswahl und vielen auch im Glas angebotenen Weinen. Es werden sogar Verkostungen mit verschiedenen Weinen einer Rebsorte oder einer Region angeboten.

Doch es gibt noch einiges zu verbessern. Noch immer wird Wein in hässlich plumpen Gläsern mit wulstigem Rand serviert. Und auch die nichts sagende Weinkarte hat überlebt: Keine Angaben zu Jahrgang oder Weinerzeuger, gespickt mit Fehlern, abgegriffen und mit Eselsohren, kein Wein wird glasweise angeboten.

Konzentrieren wir uns auf das Positive. Ein Familienmitglied hat Geburtstag, und Sie haben für die Geburtstagsfeier ein geeignetes Restaurant ausgewählt. Schauen Sie als Erstes auf die eingedeckten Gläser. Sie haben lange, schlanke Stiele und große Kelche, das ist ein gutes Zeichen. Speise- und Weinkarte werden gebracht. Sind Sie in einem noblen Restaurant mit eigenem Sommelier, nutzen Sie seinen Rat. Sagen Sie ihm, welche Weine Sie mögen und was Sie ausgeben wollen. Ein guter Sommelier erledigt den Rest. Die Speisen sind gewählt, nun ein Blick in die Weinkarte. Sie umfasst 50 Positionen, das ist angemessen, es sei denn, Sie wollen sich in eine längere Weinlektüre, Seite um Seite, Region um Region, vertiefen.

Jahrgang, Erzeuger, Rebsorte und Region, alle wichtigen Informationen sind vermerkt, und die Auswahl offener Weine ist auch gut, noch ein Pluspunkt. Kurze Begleittexte beschreiben den Geschmack der Weine und helfen bei der Entscheidung, welcher Wein zum Essen passen könnte. Sie ordern einen australischen Sémillon zu den Vorspeisen und ein Glas Pinot Noir aus Neuseeland zu der Wildterrine, die Ihre Schwester essen möchte.

Der rote Hauswein, ein Merlot aus Chile, scheint zu allen Hauptgerichten zu passen. Man zeigt Ihnen die Flaschen, damit Sie auf den Etiketten Jahrgang und Erzeuger überprüfen können. Man lässt Sie probieren: kurz riechen, um eventuell vorhandenen Kork zu entdecken. Eine korkelnde Flasche wird anstandslos durch eine neue ersetzt. Dann ein Probeschluck – der Sémillon ist etwas zu warm. In einem mit Wasser und Eiswürfeln gefüllten Kühler, den der Kellner bereitstellt, wird er rasch abgekühlt. Auch der Rote schmeckt, mit Aromen schwarzer Kirschen und Johannisbeeren – ein typischer Merlot aus der Neuen Welt. So sollte es sein.

Und so sollte es nicht sein: Weder auf der Karte noch vom Personal erhalten Sie Informationen zum Wein, Reklamationen werden nicht angehört oder sofort abgeschmettert. Bei der Frage nach Alternativen wird Ihnen ein viel teurerer Wein empfohlen. Man schiebt Ihnen einen anderen und schlechteren Jahrgang als den auf der Karte genannten unter. Der bestellte Wein wird Ihnen nicht vorher gezeigt und unter 35 Euro werden nur zwei Weine angeboten.

TIPPS ZUR WAHL EINES WEINS IM RESTAURANT

1 Wählen Sie zuerst die Speisen, dann den passenden Wein.

2 Lassen Sie sich vom Personal beraten. Sagen Sie, was Sie gerne trinken und wie viel Sie ausgeben wollen.

3 Probieren Sie zunächst den Hauswein. Ist der gut, sind es die anderen Weine wahrscheinlich auch.

4 Auch für unterschiedliche Gerichte gibt es einen passenden Wein. Weine aus der Neuen Welt oder elsässische Weißweine harmonieren mit sehr vielen Speisen.

5 Ist die Auswahl nicht so berauschend, wählen Sie Weine aus Australien oder Chile, die sind meist zuverlässig und preiswert.

6 Werden interessante Weine auch im Glas angeboten, nutzen Sie diese Möglichkeit, zu jedem Gericht einen anderen, passenden Wein zu bestellen.

7 Prüfen Sie die Temperatur und fragen Sie notfalls nach einem Flaschenkühler.

Wein kaufen & lagern

Ausgestattet mit viel Wissen über Wein können Sie jetzt die Weinregale in Ihrem Supermarkt oder Ihrer Weinhandlung durchstöbern. Da kann es hilfreich sein, die oft verwirrenden Weinetiketten entschlüsseln zu können. Bei Weinen der Neuen Welt ist das einfach, hier steht die Rebsorte im Vordergrund, bei Weinen aus der Alten Welt muss man genauer hinschauen. Es ist enttäuschend, wenn man merkt, dass die gerade für das Abendessen gekaufte teure Flasche Bordeaux noch weit von ihrer Trinkreife entfernt ist – schade um das gute Geld. Sie kennen das Angebot Ihres lokalen Weingeschäftes in- und auswendig? Es gibt zahlreiche andere Möglichkeiten, Wein zu kaufen, vom Direkteinkauf beim Winzer bis zum Surfen im Internet. Und wenn die Weine geliefert sind, stellt sich die Frage der angemessenen Lagerung. Die Antworten finden Sie auf den folgenden Seiten.

Weinetiketten

Das Etikett sollte die wichtigsten Informationen über den Wein, wie Jahrgang, Anbaugebiet, Qualitätsstufe, Name und Adresse des Erzeugers sowie Alkoholgehalt, enthalten.

Viña Amezola, Rioja, Spanien

Der Markenname des Weins *Viña Amezola* ist hervorgehoben. Darunter steht der Name des Produzenten *Bodegas Amezola de la Mora.*

Über dem Bild verweist *Rioja* auf das Anbaugebiet. *Denominación de origen calificada* (DOC) bezeichnet die höchste spanische Qualitätsstufe, vergleichbar der italienischen DOCG. *Embotellado en la propiedad* heißt, dass der Wein auf dem Gut abgefüllt wurde. Der Zusatz *Crianza* bedeutet bei einem Rioja, dass er erst im dritten Jahr und nach mindestens zwölf Monaten in Eiche ausgeliefert werden darf.

Domaine Rollin, Corton Charlemagne, Burgund, Frankreich

Burgunder-Etiketten sind oft verwirrend. Der Produzent *Domaine Rollin Père & Fils* wird unten genannt. *Corton Charlemagne* ist eine *Grand-cru*-Lage der Côte de Beaune, die sich auf drei Gemeinden (Pernand-Vergelesses, Aloxe-Corton und Ladoix-Serrigny) verteilt. Der genaue Ort wird aber nicht genannt, denn in dieser Klasse zählt allein die Lage. Der Angabe *mis en bouteille* folgt kein Verweis *au domaine*, da der Wein nicht auf dem Weingut, sondern durch einen *négociant* (Händler), hier das Haus Rollin, abgefüllt wurde.

Carmenet Chardonnay, Sonoma, Kalifornien

Carmenet wird im französischen Médoc der Cabernet Franc, eine rote Rebsorte, genannt. Hier ist es allerdings der Name eines kalifornischen Weinguts. Wird für einen amerikanischen Wein wie hier mit *Chardonnay* eine Rebsorte genannt, muss er mindestens 75 Prozent von dieser Rebsorte enthalten. Bei Nennung des Weinbergs – *Sangiacomo Vineyard* – müssen die Trauben zu 95 Prozent aus dieser Lage kommen.

Bouchard Finlayson, Missionvale Chardonnay, Walker Bay, Südafrika

Außerhalb Europas sind die Etiketten meist wesentlich übersichtlicher. Dieser südafrikanische Wein nennt das Weingut *Bouchard Finlayson*, den Jahrgang *1998*, die Rebsorte *Chardonnay* und die Herkunftsregion *Walker Bay*. Hier ist der Wein gewachsen und hier wurde er produziert. *Wine of origin* entspricht in Südafrika in etwa dem französischen AOC-Rang.

Bindella, Borgo Scopeto, Chianti Classico Riserva, Toskana, Italien

Ganz oben steht bei diesem Etikett das Weingut beziehungsweise der Weinberg *Tenuta Borgo Scopeto*, darunter die Herkunftsregion *Chianti Classico* – die Kernzone des Chianti. Der Wein ist in die höchste Qualitätsstufe *Denominazione di origine controllata e garantita* (DOCG) eingeordnet. *Riserva* verweist auf eine längere Reifung vor der Vermarktung. Unten steht der Name des Weinproduzenten *Bindella*, der den Wein auf seinem Gut abgefüllt hat.

Alois Lageder, Pinot Bianco, Südtirol, Italien

Dieser Wein kommt aus Südtirol, das zur Region *Trentino-Alto Adige* gehört. Die Zweisprachigkeit des einst zu Österreich und heute zu Italien gehörenden Gebietes schlägt sich auch auf den Weinetiketten nieder. Oben steht groß der Erzeuger *Alois Lageder*. Darunter ist der Jahrgang aufgeführt. Die Rebsorte ist *Pinot Bianco* oder *Weissburgunder* (frz. Pinot Blanc). Das Anbaugebiet *Alto Adige* oder *Südtirol* hat den Status einer *Denominazione di origine controllata* (DOC).

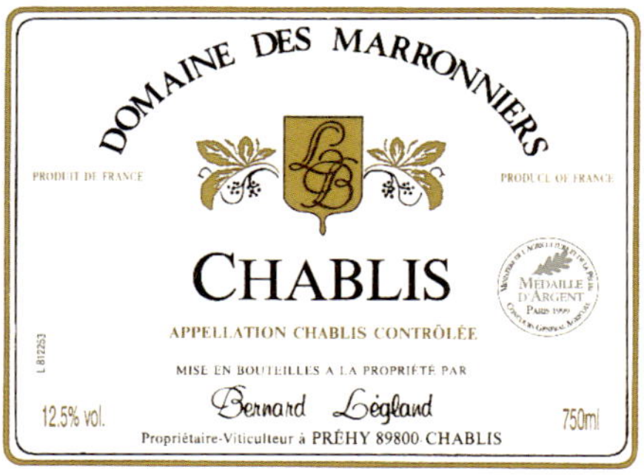

Domaine des Marronniers, Chablis, Burgund, Frankreich

Chablis-Weine kommen aus einem relativ kleinen Anbaugebiet. Lange Zeit haben außereuropäische Produzenten Unmengen von „Chablis" hergestellt, der bis auf den Namen nichts mit dem französischen Original gemein hatte. Das Etikett gehört zu einem einfachen, aber echten *Chablis*, wie der Zusatz *Appellation Chablis contrôlée* besagt. Höhere Qualitäten sind als *Premier cru* oder gar *Grand cru* ausgewiesen. Chablis-Weine zeichnen sich durch ihren frischen, mineralischen Geschmack aus.

Champagne Bruno Paillard, Reims, Frankreich

Champagner-Etiketten sind übersichtlich. Der Name des Hauses *Bruno Paillard* ist wie ein Markenname herausgestellt. Der Zusatz *brut* beschreibt den sehr trockenen Geschmacksstil. Nur in besonders guten Jahren wird wie hier ein Jahrgang *1989* vermerkt. Als einziger französischer Qualitätswein kann Champagner ohne AOC-Hinweis in den Handel kommen, *Champagne* genügt. Die Referenznummer rechts identifiziert das Haus als *négociant-manipulant* (NM), das Trauben kauft und verarbeitet.

Schloss Vollrads, Rheingau Riesling, Deutschland

Ein beispielhaft übersichtliches deutsches Weinetikett – es gibt auch andere. Oben groß der Name des Weinguts *Schloss Vollrads*, gefolgt vom Jahrgang *1999*. Der Wein trägt das Prädikat *Spätlese* und gehört damit in die Stufe *Qualitätswein mit Prädikat*. Anbaugebiet ist der *Rheingau*, die Rebsorte *Riesling*. *Gutsabfüllung* heißt, dass die *Weingutsverwaltung Schloss Vollrads KG* den Wein angebaut, vinifiziert und abgefüllt hat. Jeder Qualitätswein trägt eine *Amtliche Prüfnummer* (A. P. Nr.). Die Mitgliedschaft im *Verband Deutscher Prädikats- und Qualitätsweingüter* zeigt das VDP-Wappen an.

Château Grivière, Cru Bourgeois, Bordeaux, Frankreich

Der Wein ist unter dem Namen *Château Grivière* von *C. G. R.*, dem Eigentümer, in *Blaignan* produziert und abgefüllt worden (*mis en bouteille au château*). Anbaugebiet ist der *Médoc* mit AOC-Status, worauf der Zusatz *Appellation Médoc contrôlée* nochmals explizit hinweist. *Cru bourgeois* bezeichnet Weine gehobener Qualität, die unter den *Crus classés* angesiedelt sind. Unter den rund 300 „bürgerlichen Gewächsen“ finden sich sowohl einfache Güter als auch noble Châteaux. Man unterscheidet die Stufen *Cru bourgeois*, *Cru grand bourgeois* und *Cru bourgeois exceptionnel*.

Jahrgang

oben Nebelschleier liegen über einem herbstlich bunten Weinberg im Piemont.

Unter Jahrgang versteht man die Weinernte und den Wein eines bestimmten Jahres. Auf der Nordhalbkugel fällt die gesamte Vegetationsphase in den angegebenen Jahrgang. Auf der Südhalbkugel findet die Lese im Frühjahr statt und entsprechend wird der Jahrgang der Ernte angegeben. Die Trauben haben aber einen Teil ihrer Entwicklung im Vorjahr durchgemacht.

Sprechen Weinkenner von einem „guten Jahrgang“, meinen sie damit alles, was dem Wein zu Qualität verhilft: Klima, Bearbeitung des Weinbergs und Weinbereitung. Ein Wein ohne Jahrgangsangabe ist meist einem Jahrgangswein unterlegen. Viele Tafelweine aus der EU tragen keinen Jahrgang. Eine Ausnahme ist der Champagner, von dem selbst beste Qualitäten ohne Jahrgang abgefüllt werden.

Warum verzichtet man dann auf die Angabe des Jahrgangs? Manche Weinmacher wollen ganz sichergehen und verschneiden verschiedene Jahrgänge, um einen gleich bleibenden „Hausgeschmack“ zu erzielen. Wird ein Wein mit einer Jahrgangsangabe in den Handel gebracht, verlangt das EU-Weinrecht, dass mindestens 85 Prozent davon aus dem entsprechenden

oben In der Reifungsphase sind Trauben sehr anfällig gegenüber Witterungseinflüssen.

Jahr stammen. Da bleibt den Weinmachern immer noch ein gewisser Spielraum zum Ausgleich schwächerer Ernten.

Bis vor kurzem war der Jahrgang alles entscheidend. Heute verfügt man über Weinbereitungsmethoden, die auch in schwächeren Jahren gute Weine ermöglichen. Doch in Europa bleibt es auch jetzt schwierig, wenn die Natur nicht mitspielt.

Ein problematischer Wachstumsverlauf beeinträchtigt die Struktur des Weins und sein Reifungspotenzial. Trockene, heiße Sommer treiben den Alkoholgehalt in die Höhe, während ein verregneter Herbst dünne Weine hervorbringt. In Kombination mit den Standortbedingungen des Anbaugebiets und den Wachstumsbedingungen in einer Weinberglage (Terroir) wird das Schicksal eines Weins vorbestimmt.

Weine aus der Neuen Welt haben es oft einfacher. In Chile oder Australien variieren die Jahrgänge nicht so stark wie in Europa. In einem Restaurant mit einer mittelmäßigen Weinauswahl bleibt man mit einem Wein aus der Neuen Welt daher auf der sicheren Seite. Der Griff zu einem weniger bekannten Burgunder des Jahrgangs 1994 kann dagegen verhängnisvoll sein.

rechts Spät gelesene Nebbiolo-Trauben für den Barolo werden nochmals kontrolliert.

Informationen zu Jahrgängen

Jahrgangstabellen findet man in Weinzeitschriften, Lifestyle-Magazinen und Übersichten, die der Handel publiziert. Doch meist beurteilen sie die Jahrgänge sehr pauschal und ohne Berücksichtigung mikroklimatischer Unterschiede innerhalb einer Region. Hugh Johnson, *Der Kleine Johnson,* benotet nach Ländern, Regionen und Rebsorten die Qualität sowie das Potenzial.

Selbst Weine desselben Jahrgangs, die aus einer überschaubaren Region kommen, können je nach Produzent und Weingut starke Unterschiede in Qualität und Charakter aufweisen. Hier sind Fachleute gefragt. Sie müssen den Wein in einem jungen und damit schwierigen Stadium beurteilen. Für Weinkäufe *en primeur* ist eine Prognose der späteren Eigenschaften und des Alterungspotenzials eine wichtige Entscheidungshilfe. Ein ideales Jahr mit optimalen Bedingungen für früh reifende Sorten wie Merlot muss nicht gleichermaßen gut für spät reifende Trauben wie Cabernet Sauvignon sein, vor allem bei einem verregneten Spätherbst.

Wein kaufen

oben Fachkundiges Personal in einem gut sortierten Weingeschäft hilft bei der Auswahl neuer Weine.

Sie stehen vor einem Regal und keiner der Namen auf den Etiketten kommt Ihnen bekannt vor: Da wird der Weinkauf zu einem reinen Glücksspiel, gerade im Supermarkt, wo das Personal oft nicht weiterhelfen kann. Wenn Sie eine Beratung wünschen, gehen Sie in eine Weinhandlung, die geschulten Mitarbeiter helfen Ihnen gerne weiter.

Supermärkte sind aber günstige Einkaufsquellen und bieten dem gut informierten Weinkäufer manches Schnäppchen. Die Produzenten dagegen zittern, wenn die Einkäufer der Handelsketten vorfahren, denn die drücken die Preise knallhart. Dank verbesserter Weinbau- und Weinbereitungsmethoden findet man kaum noch wirklich schlechte Weine im Handel. Sie können es sich einfach machen und nach den aktuellen Sonderangeboten und den hauseigenen Empfehlungen greifen. Im schlimmsten Fall haben Sie eben einen mittelmäßigen Zechwein gekauft.

Studieren Sie auch die Rückenetiketten, hier finden Sie nützliche Informationen zu Weinstil, Rebsortencharakteristik und passenden Speisen. Da die meisten Supermärkte auch auf Süßegrad hinweisen, wird man nie ganz falsch liegen.

Wenn Sie aber etwas Besonderes suchen, sind Sie beim Weinfachhandel besser bedient. Die relativ warme Lagerung in den hell beleuchteten Supermarktregalen ist für bessere Weinqualitäten nicht gerade zuträglich. Außerdem sind die Jahrgänge der angebotenen Weine viel zu jung und weit von der Trinkreife entfernt.

Achten Sie auf die Weinkolumnen in Zeitungen oder Magazinen, dort schreiben Fachleute über ihre Degustationsergebnisse. Ein gelobter und begeistert besprochener Wein wird allerdings in kürzester Zeit aus den Regalen verschwunden sein, da darf man nicht lange zögern.

Alternativ bieten sich eigene Recherchen in Weinbüchern (genau das tun Sie ja gerade), Weinzeitschriften oder im Internet zum Thema Wein an. Wohl informiert macht der Einkauf im Supermarkt oder beim Weinhändler viel mehr Spaß.

Örtliche Filialen der großen Weinhandelsketten halten regelmäßig Verkostungen ab, eine gute Gelegenheit, neue Weine kennen zu lernen und auszuprobieren, was Ihnen schmeckt. In größeren Fachgeschäften stellen Vertreter von Weingebieten oder Weingütern ihre Weine persönlich vor, sodass Sie nicht nur das Endprodukt – den Wein – kennen lernen, sondern auch dessen Produzenten. Und dabei können Sie gleich alles über die jeweiligen Weinbereitungsmethoden erfahren.

Schauen Sie nach bekannten Namen und Rebsorten, probieren Sie aber unbedingt auch bisher unbekannte und außergewöhnliche Weine. Man kann sich ja ein Preislimit setzen, sollte es aber bei entsprechenden Angeboten beiseite schieben und bedenken, wie viel man für andere Dinge bereit ist auszugeben.

Häufig kommt es günstiger, eine ganze Kiste oder im Dutzend zu kaufen. Dann sollten Sie aber den Wein unbedingt vorher probieren und darauf achten, dass Sie auch den probierten Jahrgang erhalten und der Wein zuvor angemessen gelagert wurde. Leckende Korken sind ein Warnsignal. Die Empfehlungen gelten auch für Restposten, bei einem wirklichen Schnäppchen sollten Sie aber zuschlagen.

Hat ein Wein trotzdem einen eindeutigen Fehler, sollte man nicht erst die Hälfte davon trinken und überlegen, ob er nun korkig ist oder nicht. Bringen Sie die Kiste möglichst voll und bald zum Händler zurück.

Die Spezialisten

Mit der Zeit wird man wählerisch. Die bisher frequentierten Geschäfte haben ihren Reiz verloren, man sucht nach etwas spezielleren Angeboten und wünscht sich mehr Service. Das bietet meist nur eine traditionelle, gut geführte Weinhandlung. Erst wenn man eine solche Quelle entdeckt hat, wird man merken, worauf man bisher verzichten musste. In den Regalen liegen übersichtlich angeordnete Weine bekannter Erzeuger aus guten bis besten Jahrgängen. Die Präsentation ist geschmackvoll, in einer Raritätenecke werden die besonderen Schätze verwahrt. Nur die Ausstellungsflaschen stehen im Geschäft, der Rest lagert bei optimalen Bedingungen (kontrollierte Temperatur und Luftfeuchtigkeit) in abgetrennten Räumen. Das Personal nimmt sich Ihrer Wünsche an und berät Sie kompetent. Man öffnet gerne eine Flasche, um Sie probieren zu lassen. Der Kauf eines gemischten Kartons ist kein Problem und Lieferung nach Hause selbstverständlich. Selbst Weingläser können Sie hier ausleihen. So stellt man sich den himmlischen Weinkauf vor.

Solche Geschäfte gibt es tatsächlich, zumindest in größeren Städten. Man findet sie in Branchenverzeichnissen, über ihre Annoncen oder durch Hinweise in Weinzeitschriften.

unten Spezialisierte Händler und Weinhäuser liefern den Wein gewöhnlich nur kistenweise, das ist meist auch günstiger.

Weintrinker sind kommunikative Menschen, und so machen Tipps und Hinweise auf neue Geschäfte schnell die Runde. Ständig eröffnen kleine Weinläden. Auf französische und italienische Weine spezialisierte Weinhandlungen gibt es in großer Zahl, ebenso Fachgeschäfte, die sich auf Weine aus bestimmten deutschen Regionen konzentrieren. Auch Australien und die USA sind gut vertreten, nach exotischeren Provenienzen muss man allerdings suchen.

Sie möchten lieber von zu Hause aus einkaufen? Weinversandhandlungen bieten Ihnen die Möglichkeit, per Post zu bestellen. Sie versenden regelmäßig Kataloge und Kundenbriefe, die wertvolle Informationen zu Weinen und Produzenten enthalten. Die Bestellung gemischter Kisten ist möglich und manchmal sogar der Kauf *en primeur*. Ein Probieren vor dem Kauf ist jedoch nicht möglich. Zudem bieten viele der Versandhandlungen nur gängige Weine an, die sich am einfachsten und besten verkaufen. Adressen von Weinversandhandlungen findet man im Anzeigenteil der Weinzeitschriften.

Das Internet

Das Angebot an Websites zum Thema Wein wächst und wächst. Das Internet entwickelt sich zu dem aktuellen Diskussions- und Informationsforum für Weinliebhaber. Die Suchmaschinen spucken Tausende von Hinweisen zu entsprechenden Anfragen aus.

Vom enthusiastischen Weinfreak bis hin zum alteingesessenen Weinhändler, jeder gestaltet seine eigene Homepage. Erfolgreich werden letztlich die Unternehmen sein, die traditionelle Aspekte des Weinhandels mit den Möglichkeiten des neuen Mediums geschickt verbinden und ihren Kunden gut aufbereitete Informationen, ein attraktives Sortiment und bequeme Abwicklung bieten.

Das Angebot im Internet richtet sich an alle: den gelegentlichen Weintrinker, der nach dem besten Preis-Leistungs-Verhältnis im Supermarktsortiment sucht, wie an den ernsthaften Weinsammler, der nach Raritäten fahndet.

Welche Vorteile bietet das Internet gegenüber dem heimischen Supermarkt oder dem Weinladen um die Ecke? Was ist besser als beim Einkauf per Katalog? Hier die wichtigsten Vorteile kurz zusammengefasst: Ganz gemütlich tippt man am Bildschirm die gewünschte Region, die Preisobergrenze oder den bevorzugten Weinstil oder alle drei Angaben gleichzeitig ein, und in kürzester Zeit erscheint eine Liste mit passenden Weinen. Hat man Glück, gibt es noch Degustationsnotizen und eine Bewertung dazu. Die bestellten Flaschen sollten dann schnell und bequem nach Hause geliefert werden. Die Preise sind oft etwas niedriger, dafür ist die Auswahl sehr viel größer. Die Situation, wie im Supermarkt angesichts lauter unbekannter Namen im Weinregal in seiner Ratlosigkeit allein gelassen zu sein, gibt es hier nicht. Die ausgefeilten Suchmöglichkeiten und die begleitenden Informationen verhelfen eigentlich jedem zum gewünschten Wein.

Und wenn nicht, bleibt die Möglichkeit, Fragen zu stellen. Die besseren Websites bieten den Service, per E-Mail Fragen zu stellen, die dann von Fachleuten beantwortet werden. Wenn Sie nicht wissen, welchen Wein Sie zur Weihnachtsgans servieren sollen, diese Experten wissen Rat.

Das Web ist eine riesige Informationsquelle und eine großartige Hilfe bei der

Vertiefung des Weinwissens. Der direkte Kontakt zwischen Erzeuger und Konsument wird möglich, die Weinmacher erfahren unmittelbar, wie ihre Weine ankommen. Man kann nicht nur Weine bestellen, sondern virtuelle Rundreisen durch die Anbaugebiete unternehmen und sich beispielsweise über die Entwicklung und Bewertung des aktuellen Jahrgangs „vor Ort" informieren. Besuche im kalifornischen Napa Valley sind jetzt ebenso einfach wie an der Mosel. Viele Weinmagazine machen ihre Beiträge auch über das Internet zugänglich, sodass man immer auf dem aktuellen Stand ist. Man kann sich sogar ausführlich darüber informieren, wie Wein gemacht wird – und das alles bequem am Bildschirm zu Hause.

oben Das Internet liefert nicht nur eine Fülle an Informationen zum Thema Wein, man kann sogar online bei Auktionen mitbieten.

Unschlagbar und einzigartig sind die Möglichkeiten, die Suchmaschinen beim Durchstöbern des Internets bieten. Jeder, der nach edlen und seltenen Weinen sucht, kann jetzt die Händler abgrasen. Eine Bezugsquelle für einen Vintage Port aus dem Geburtsjahr des Vaters zu dessen 60. Geburtstag lässt sich bestimmt finden. Websites, wie etwa www.winesearcher.com, spucken Hunderte von Händlernamen aus. Internetseiten wie www.wein-plus.de bieten viele Adressen. Auch der tolle Wein, den man neulich im Restaurant getrunken hat, kann so gefunden und beschafft werden.

links Den Wein im Fass mindestens ein Jahr vor der Abfüllung auf Flasche zu kaufen, kann riskant, aber auch lohnenswert sein.

En primeur

Einen Wein zu kaufen, bevor er überhaupt auf Flasche gefüllt ist, scheint etwas riskant. In Bordeaux ist das gängige Praxis, und andere Regionen schließen sich dem an. Der Weinhandel nennt diese Form des Weinkaufs *en primeur.*

Durch den frühzeitigen Kauf sichert man sich nicht nur seinen Anteil an gefragten Weinen, man bezahlt oft auch weniger (so ein gängiges Argument des Handels). In ertragreichen Jahren stehen allerdings ausreichende Mengen zur Verfügung, und die Preise im regulären Verkauf liegen nur wenig über den Vorabangeboten. Ein echtes Problem entsteht, wenn Händler oder Makler, die das Geschäft mit dem Erzeuger vermittelt haben, Pleite gehen, dann muss man sich mit einer Flasche aus dem eigenen Keller über den Verlust hinwegtrösten.

Zudem stellt sich die Geschmacksfrage: Vertraut man bei seiner Investition dem Urteil anderer, die eine einzige Fassprobe sechs Monate nach der Ernte und ein Jahr vor der eigentlichen Abfüllung verkostet haben? Vielleicht etwas riskant.

Wann soll man kaufen?

Nur in besten Jahrgängen und nur beste Weine, außer Sie haben zu viel Geld übrig. Auf Jahrgangsinformationen achten.

Was soll man kaufen?

Mein Rat: vorrangig klassifizierte rote Bordeaux und weiße Sauternes Crus bourgeois (siehe Seite 71), Rote und Weiße von der nördlichen Rhône und von Toperzeugern aus Burgund, Wein von Spitzengütern im kalifornischen Napa Valley und große Italiener sowie Vintage Ports.

Wie läuft der Kauf ab?

Traditionell werden im Frühjahr nach der Ernte erste Fassproben vorgestellt. Makler handeln die Käufe mit den Endabnehmern aus. Bezahlen müssen Sie sofort, den Wein bekommen Sie erst zwei Jahre später, nachdem auch die Transportkosten und Ähnliches beglichen sind. Die Erzeuger verkaufen normalerweise nur einen kleinen Teil ihrer Produktion *en primeur.* Wie viel, das hängt vom Finanzierungsbedarf und der Marktsituation ab, jedenfalls bestimmen die Produzenten den Preis.

Wie werden die Preise gemacht?

Der Jahrgang ist entscheidend. Weine eines guten, gar außergewöhnlichen Jahrgangs verkaufen sich eindeutig besser als solche aus schwierigen Jahren. Dann wirkt sich die Hierarchie, die „Hackordnung" der zahlreichen *Crus* auf den Preis aus. Verlangt ein gieriger Produzent Preise, denen der Wein zwei Jahre später nicht gerecht wird, steht seine Reputation auf dem Spiel.

Wie alles begann

Diese Variante des Weinverkaufs gibt es schon lange, doch erst seit kurzem kann sich der Konsument daran beteiligen. Das *En-primeur*-System wurde von Händlern (*négociants*) und Château-Besitzern zur Beschleunigung des Kapitalrückflusses geschaffen, denn in den zwei Jahren, die der Wein im Fass lagert, ist auch das Kapital gebunden.

Direktkauf

Beim Direktkauf kann man den Winzer persönlich kennen lernen und sehen, wo und wie der Wein entsteht, den man dann mit nach Hause nimmt.

Doch einfach bei einem Château in Bordeaux vorfahren und den Kofferraum voll packen, geht nicht. Die meisten Spitzengüter verkaufen nicht direkt an den Endverbraucher, die Weine werden über Händler (*négociants*) vertrieben, das gilt auch für Burgund. Besichtigungen sind häufig nur nach Voranmeldung möglich. In anderen Regionen ist man zugänglicher, die Kellertüren stehen Besuchern offen.

Außerhalb Europas ist das ganz anders. In Australien hat fast jedes Weingut einen täglich geöffneten Probier- und Verkaufsraum. Man kann vor dem Kauf probieren und bekommt dort oft Weine, die im normalen Handel nicht erhältlich sind.

Sobald der Einkauf beim Winzer über ein nettes Urlaubsmitbringsel hinausgeht, wird es komplizierter. Eigentlich lohnt sich der Direktkauf nur bei großem Eigenbedarf oder für das eigene Restaurant. Die Ersparnis liegt bei 10–15 Prozent, doch sie will erkauft sein. Besonders bei Bezug aus Nicht-EU-Ländern sind zahlreiche Formulare auszufüllen, Zölle und Steuern werden erhoben, zudem bestehen Risiken beim Transport und bei der Abwicklung eventuell nötiger Reklamation von fehlerhaften Weinen. Unterschiedliche gesetzliche Bestimmungen über Einfuhrmengen von alkoholischen Getränken kommen noch dazu. Viele Weinproduzenten wickeln Kleinaufträge im internationalen Rahmen gar nicht ab.

Auktionen

Auf Auktionen sollte man sich nicht mitreißen lassen. Ehe man sich versieht, hat man einen Bordeaux Grand cru zum Doppelten des Ladenpreises ersteigert. Zu impulsive Interessenten können schriftlich oder telefonisch mitbieten.

Bei entsprechender Vorbereitung können sich Auktionskäufe durchaus lohnen. Alltagsweine findet man in den Auktionskatalogen nicht, dafür seltene, gesuchte Jahrgänge und zum Teil auch jüngere Weine zu günstigeren Preisen als beim Weinhändler zu Hause. Versuchen Sie, das gesetzte Limit einzuhalten, und kalkulieren Sie die zusätzlich fälligen Auktionskosten und Steuern mit ein.

Woher weiß ich, dass der Wein gut ist? Die Auktionen werden meistens von Weinexperten abgehalten, die die Herkunft eines Weins sorgfältig prüfen: Wie lange wurde er gelagert, wo wurde er gekauft? Das gilt auch, wenn Sie Wein zur Versteigerung einliefern wollen. Ein Auktionator wird jeden Wein, der nicht korrekt in einem Keller mit kontrollierter Temperatur und Luftfeuchtigkeit gelagert wurde, zurückweisen.

Weinpreise

Warum kostet die eine Flasche 35 Euro und die andere nur 5 Euro? Warum erzielt eine einzelne Flasche 1811er Château Lafite bei einer Auktion fast 20 000 Euro (Sotheby's, New York, 19. November 1999)? Der Preis eines Weins hängt von vielen Faktoren ab. Zunächst vom Renommee der Region, des Erzeugers und des Jahrgangs. Profitgier und vermeintlicher Prestigegewinn durch hohe Preise sind auch im Spiel. Selbstverständlich werden die Kosten für die Trauben, das Personal, die Finanzierung der neuen Geräte und Anlagen berücksichtigt, ebenso Transport, Abfüllung, Etikettierung, Marketing, Steuern und Gebühren. Und die Preispolitik von Produzent oder Händler oder beiden zusammen wirkt auch mit.

Sagt der Preis etwas über die Weinqualität aus? Nein, nicht unbedingt.

Sehr viele Kostenfaktoren wirken auf den Weinpreis: In manchen Ländern sind die Produktionskosten niedriger, speziell in Südamerika, Wechselkursschwankungen können sich ebenso niederschlagen wie politische Veränderungen. Zur Hinterlassenschaft des Kommunismus gehören riesige Seen billiger Massenweine in Bulgarien und Ungarn.

Die Traubenpreise ergeben sich jährlich aus Angebot und Nachfrage sowie der jeweiligen Jahrgangsqualität. Normalerweise werden die Trauben nach Rebsorten und Zuckergehalt gestaffelt angeboten und gekauft. Weltweit wird der überwiegende

Teil der Trauben nicht von Weinproduzenten selbst angebaut, sondern bei Weinbauern eingekauft.

In den meisten Weinbauregionen überwachen Behörden oder Verbände die Traubenpreise, teilweise können aber Weinbauern und Kellereien sie direkt aushandeln. Die Qualität wird häufig durch den Zuckergehalt der Trauben bestimmt. In den kühleren Anbaugebieten gelten die Trauben mit dem höchsten Mostgewicht als die besten, weil sie voll ausgereift sind. In heißen Regionen ist nicht Reife das Problem, dort kommen andere Faktoren ins Spiel.

Ehrgeizige Produzenten belohnen ihre Traubenlieferanten für besondere Qualitäten, die dann auch getrennt vinifiziert und abgefüllt werden. Weine aus den besten Trauben erzielen später höhere Preise. Auch Weinberge selbst kosten Geld und fließen in die Kalkulation mit ein.

Die Region, ja sogar der Weinberg oder die Parzelle beeinflussen die Qualität des Weins. Und je besser die Qualität des Weins, umso höher der Bodenpreis. Die Preise variieren weltweit stark. Für eine gute, bereits bepflanzte Lage im kalifornischen Napa Valley geht es bei 230 000 Euro pro Hektar los, auf dem berühmten Terra-Rossa-Boden im australischen Coonawarra kostet der Hektar mehr als 56 000 Euro.

Selbst Argentinien ist nicht mehr das „Billigland", das es einmal war, seitdem ausländische Investoren um die besten Böden im Wettstreit liegen. In Tupungato, einem durch kühles Klima begünstigten Bereich in der Region Mendoza, sind die Bodenpreise innerhalb von fünf Jahren von 480 Euro auf 4 800 Euro pro Hektar emporgeschnellt.

unten Die Qualität der bei Auktionen angebotenen Weine ist relativ gut abgesichert, ihr Preis wird durch viele Faktoren bestimmt.

Wein lagern

Stellen Sie sich vor, Sie haben während des Urlaubs in einem Restaurant einen fantastischen Wein getrunken. Und weil er Ihnen so gut schmeckte, haben Sie sich ein paar Flaschen davon mit nach Hause genommen, die Sie für einen besonderen Anlass aufbewahren.

Nach einiger Zeit, die erste Begegnung mit dem Wein ist noch frisch in Erinnerung, öffnen Sie eine Flasche und schenken Freunden ein Gläschen ein. Igitt! Er riecht und schmeckt wie Essig. Alleinige Ursache: falsche Lagerung. Schade um den guten Wein, doch bei Beachtung einiger weniger Regeln wäre diese Enttäuschung vermeidbar gewesen.

unten Die Küche mit ständig wechselnder Temperatur und Luftfeuchtigkeit, vielleicht noch mit direkter Sonneneinstrahlung, ist ungeeignet für die Lagerung von Wein.

Lagerfähige Weine

Heute werden die meisten Weine so gemacht, dass man sie jung trinken kann. Über 90 Prozent der Weine werden innerhalb von 48 Stunden nach dem Kauf konsumiert, nur wenige lagern Weine länger. Doch mit zunehmendem Interesse an Wein ändert sich das: Der Weinkeller und seine Einrichtung spielen eine immer größere Rolle.

Die Methoden der Weinbereitung haben sich verändert. Ziel ist heute ein Maximum an Frucht und ein Minimum an Tannin, daher ist es nicht mehr notwendig, fünf Jahre zu warten, bis der Wein trinkreif ist. Im Gegenteil, viele der modernen Weine bauen bei längerer Lagerung ab, ihre frische pikante Frucht verliert sich schnell. Nur die qualitative Spitze, zehn Prozent bei den Rotweinen und fünf Prozent bei den Weiß-

weinen, werden nach fünf Jahren Reifung besser. Ein Jahrzehnt oder mehr übersteht nur ein Prozent der Weine.

Woher weiß man aber, welcher Wein gelagert und welcher bald getrunken werden sollte?

Oft gibt das Rückenetikett Hinweise zu Lagerung und Trinkreife. Was ist mit teureren Weinen? Ihr Weinhändler oder der Supermarkt vor Ort lagern bestimmt keine Weine zum Reifen ein. Gerade die dort gekauften teuren Weine sind viel zu jung und unreif, um gleich am Abend mit Genuss getrunken zu werden. Sie brauchen Zeit, um Tannin abzubauen und ihre Frucht zu öffnen.

Es gilt die Regel, je teurer die Flasche, umso mehr zahlt sich eine Reifung aus. Nach fünf oder mehr Jahren stellt sich eine delikate Balance aus Fruchtaromen und reifen Geschmacksnuancen ein. Wenn Sie jetzt aber sagen, dass Ihnen die tanninreiche, ursprüngliche Frucht eines jungen Cabernet besser schmeckt? Die Geschmäcker sind glücklicherweise verschieden.

Optimale Lagerbedingungen

Die Art der Lagerung beeinflusst den Reifeprozess des Weins. Ständig wechselnde Temperaturen und Lichteinflüsse lassen ihn vorzeitig altern. Durch zu niedrige Temperaturen über mehrere Monate hin wird die gesunde Entwicklung des Weins unterbrochen. Extreme Hitze, der Weine beim Transport vom Winzer zum Händler per LKW häufig ausgesetzt sind, kann schon großen Schaden anrichtet. Die Korken fangen an zu nässen, der Wein ist verdorben. Eine ziemlich heikle Geschichte also? Wein lebt und atmet, gute wie schlechte Behandlung wirken sich auf seinen Geschmack aus.

WEINLAGERUNG

WEISSWEIN – FÜNF JAHRE UND LÄNGER

Sémillon
Riesling
Chenin Blanc von der Loire
(Weine aus spät gelesenen Loire-Trauben reifen sogar noch länger.)
Edelsüße Weine
Weiße Burgunder Grand cru

WEISSWEIN – ZUM BALDIGEN VERBRAUCH

Fast alle Weine aus einfachen Rebsorten
Fast alle Landweine
Rosés
Asti und Moscato Spumante
Alle Tafelweine
Weine im Tetrapak
Manzanilla- und Fino-Sherry
Albariño
Pinot Grigio
Viele italienische Weißweine
Portugiesischer Vinho Verde

ROTWEIN – FÜNF JAHRE UND LÄNGER

Shiraz
Nebbiolo
Viele portugiesische Rote – speziell vom Douro
Madiran
Médoc
Graves
Cabernet Sauvignon – vor allem aus Kalifornien
Hermitage
Super-Toskaner
Brunello di Montalcino
Barolo
Barbaresco
Amarone
Ribera del Duero
Vintage Port

ROTWEIN – ZUM BALDIGEN VERBRAUCH

Alle Tafel- und Landweine
Weine im Tetrapak
Primeur- und Nouveau-Weine
Deutsche Rotweine
Elsässer Rotweine
Rote von der Loire
Dolcetto
Lambrusco
Viele osteuropäische Rotweine
Ruby Port

oben Bei einer sorgsamen Lagerung müssen Feuchtigkeit und Temperatur fortwährend kontrolliert werden. Große Temperaturschwankungen schaden dem Wein.

Wir sprechen hier nicht von Wein, der morgen oder nächste Woche getrunken werden soll. Doch auch der wird nicht besser, wenn er einen Tag im heißen Kofferraum liegt. Es geht um Wein, der länger – einige Wochen oder sogar einige Jahre – gelagert werden soll.

Was genau bei der Entwicklung in der Flasche passiert, ist noch immer nicht mit letzter Sicherheit geklärt. Versuche ergaben, dass Temperaturen unter 5 °C und über 20 °C problematisch sind. Höhere Lagertemperaturen beschleunigen die Reifung. Das heißt nicht, dass man einen tanninreichen Wein irgendwo warm lagern sollte, um ihn bald trinkbar zu machen. Die Flaschen gehören keinesfalls auf den Kühlschrank – was häufig geschieht –, weil sie dort ständigen Erschütterungen und einem warmen Luftstrom ausgesetzt wären. Ein kühles, ruhiges Plätzchen, nicht zu hell, das ist das Beste für den Wein.

Wie kühl? Jedenfalls kühler als normale Zimmertemperatur, ideal sind 10–15 °C. Auch als glücklicher Besitzer eines Kellers müssen Sie mit saisonalen Temperaturschwankungen leben, doch die sind weit weniger problematisch als ständig wechselnde Temperaturen. Durch den permanenten Wechsel zwischen Expansion und Kontraktion des Weins leiden die Korken, sie werden irgendwann undicht und ein sirupartiger Belag bildet sich.

Wenn Sie sich einen Weintemperierschrank geleistet haben, brauchen Sie sich darüber keine Gedanken mehr machen. Bei der Lagerung im Keller oder unter der Treppe lohnt sich der Kauf eines Thermo-

oben Die Flaschen immer liegend lagern, so hat der Korken Kontakt mit dem Wein, trocknet nicht aus und bleibt elastisch.

meters. Lokalisieren Sie die warmen oder kalten Stellen und isolieren Sie sie gut.

Feuchtigkeit ist ein weiterer wichtiger Faktor bei der Entwicklung des Weins, weniger für den Wein selbst als für den Korken. Flaschen werden liegend gelagert, damit der Korken benetzt ist und nicht austrocknet. Auch die richtige Luftfeuchtigkeit ist wichtig, am besten 75 Prozent. Liegt sie höher, fallen die Etiketten ab und die Regale rosten. Machen Sie feuchte Stellen ausfindig und isolieren Sie sie mit geeigneten Mitteln wie Kunstharz. Oft hilft es auch, den Boden mit Sand zu bestreuen. Zu wenig Feuchtigkeit? Stellen Sie einen Luftbefeuchter oder einfach eine Schale mit nassem Sand auf.

Warum soll Wein dunkel lagern? Jedes Licht schadet dem Wein, besonders das Sonnenlicht. Es trocknet den Korken aus, lässt die Etiketten verblassen und den Wein schneller altern. Denken Sie daran, wenn Sie das nächste Mal eine „gute" Flasche aus dem grell beleuchteten Supermarktregal nehmen wollen.

Lagermöglichkeiten

Nicht jeder ist in der glücklichen Lage, einen Keller zu besitzen. Aber in einem Keller mit Zentralheizung oder auf einem Dachboden mit extremen Temperaturschwankungen übersteht ein Wein nur wenige Wochen ohne Schaden. Was kann man also tun?

Fast jede ungenutzte Ecke einer kleinen Wohnung oder eines Häuschens eignet sich zur Weinlagerung: ein Küchen- oder Kleiderschrank oder der Raum unter einer

Treppe. Hauptsache, es ist dort dunkel, kühl, feucht und frei von Erschütterungen. Also nicht in der Nähe von Kühlschränken, Pumpen oder Motoren.

Die Flaschen unbedingt liegend lagern, damit die Korken feucht bleiben und dicht abschließen.

Immer noch kein Plätzchen gefunden? Der Handel bietet spezielle Weintemperierschränke an. Sie sehen aus wie große Kühlschränke und erlauben die Lagerung von bis zu 250 Flaschen. Manche Modelle verfügen über gestaffelte Temperaturzonen: ganz unten kühl zum Lagern, ganz oben temperiert für servierbereiten Rotwein. Man kann auch im Freundeskreis nach geeigneten Kellerräumen fragen. (Ein gutes Schloss schützt vor unerwünschter Unterstützung beim Trinken.)

Sie wollen mehr als 250 Flaschen lagern und haben immer noch keinen Keller? Manche Weinhändler und Lagerhäuser vermieten als Service geeignete Kellerabteile oder Lagerraum. Abhängig von der eingelagerten Menge und den Geschäftsbeziehungen zum Händler zahlt man eine entsprechende Gebühr und Versicherungsbeiträge. Achten Sie auf eine Kennzeichnung und die deutliche Trennung Ihrer Weine von den übrigen Lagerbeständen. Weil solche Lagerräume nur während der Geschäfts- und Öffnungszeiten zugänglich sind, sollten dort nur junge, noch nicht trinkreife Weine deponiert werden, die nicht so bald geöffnet werden. Einen Vorrat an trinkreifen Weinen sollte man zu Hause griffbereit haben.

Auch ein Abstellraum in der Wohnung lässt sich zum Weinkeller umbauen, wenn er mit Schaumplatten (Styropor) ausreichend temperaturstabil isoliert wird. Ganz luxuriös und teuer ist dagegen der Einbau eines komplett klimatisierten Lagerraums im Haus.

Gartenbesitzer können eine Grube ausheben und einen vorgefertigten Spiralkeller darin versenken. Georges Harnois hat 1978 diese Betonfertigteile mit Stufen und Regalfächern entwickelt. Ein guter Platz ist unter einer Garage oder dem Gartenhäuschen.

Auch eine Garage eignet sich als Weinlager. Sie muss dann aber sehr gut gegen Temperatur- und Geruchseinflüsse isoliert sein. Ein Geräteschuppen ist allerdings völlig ungeeignet.

Lagern mit System

Egal ob Sie 200 oder 2000 Flaschen einlagern möchten, eine systematische Lagerung des Weins kann bei Weinkellern dieser Größenordnung sehr hilfreich sein. Man kann die Weine nach ihrem Geschmacksstil sortieren: üppige Rote, leichte Rote, Schaumweine, aromatische Weiße, frische trockene Weiße usw. Ein passender Wein zum jeweiligen Essen ist so schnell gefunden. Auch eine Ordnung der Weine nach Anbauregionen ist gängig und sinnvoll.

Immer aber sollten Weine, die noch länger reifen müssen, ganz unten oder „außer Reichweite" gestapelt werden, die zum baldigen Verbrauch an einem gut zugänglichen Platz.

Wenn Sie in größerem Umfang reifebedürftige Weine haben, empfiehlt es sich, eine eigene Ecke dafür einzurichten. Etiketten lassen sich mit Haarspray, das aber unbedingt duftfrei sein sollte, vor Feuchtigkeit schützen.

Weit verbreitet und günstig ist die Lagerung der Flaschen in Regalsystemen aus Holzstäben und Blechverbindungen, die sich individuell einstellen lassen.

oben Im Keller können die Weine nach Regionen oder Stil angeordnet werden. Die trinkreifen Flaschen sollten jedenfalls gut erreichbar sein.

Auch Holzregale oder Tonröhren sind sehr gut geeignet. In alten Weinkellern findet man häufig geräumige Fächer zum Stapeln der Weine. Das war sinnvoll, wenn größere Mengen eines Weins – oft im Fass zum Selbstabfüllen – eingekauft wurden. Heute legt man mehr Wert auf Vielfalt. Die Obergrenze des Einkaufs liegt meist bei einer Kiste pro Sorte, von besonderen Weinen kauft man oft nur eine Flasche.

Zu berücksichtigen ist überdies, dass der Reifungsprozess durch die Flaschengröße mitbestimmt wird. In Großflaschen wie einer Magnum (1,5 Liter) oder größer entwickelt sich der Wein langsamer als in einer Normalflasche (0,75 Liter). In halben Flaschen (0,375 Liter) abgefüllter Wein erreicht seine Reife dagegen schneller.

Überhaupt reift Wein in Magnumflaschen besser. Vermutlich verlangsamt das günstigere Verhältnis von Wein und Luft den Reifeprozess. Die riesigen Champagnerflaschen dienen dagegen eher der „Entwicklung" des Marketing als dem Inhalt. Was hier über Magnum hinausgeht, wurde in kleineren Flaschen vergoren und dann umgefüllt. Wirklich riesig ist die Nebukadnezar-Flasche mit einem Inhalt von 20 Normalflaschen, die man in der Champagne und in Burgund findet.

Um die Verwirrung noch komplett zu machen: Die Doppelmagnum aus Bordeaux entspricht der Jeroboam in der Champagne, eine Jeroboam aus Bordeaux aber der Rehoboam des Champagners.

Kellerbuch

Was nützt der beste Weinkeller, wenn man nichts mehr darin findet? Sehr hilfreich kann daher ein Kellerbuch sein. In einem derartigen Buch oder Heft können Sie Lagerplatz, Rebsorten, Kombination mit Speisen, Datum und Eindrücke der letzten Degustation vermerken. Sie können weitere Details über den Wein, wie Besonderheiten der Vinifikation oder Ertragsmenge, eintragen. Auch Kaufpreis und -datum, Einkaufsquelle und Kaufanlass sind hilfreich, ebenso Beurteilungen von Fachleuten hinsichtlich Qualität und Trinkreife.

Weinregionen der Welt

In einem Wein spiegelt sich immer auch der Ort, an dem er gewachsen ist, wider. Unternehmen wir also eine kleine Reise durch die Weinwelt. Die Reise beginnt in Großbritannien, der Heimat der Autorin. Von dort geht es nach Frankreich, Spanien, Portugal, Italien, Deutschland und Österreich. Nach einem kurzen Abstecher durch Osteuropa, den Nahen Osten und Nordafrika folgt Südafrika. Über Australien und Neuseeland erreichen wir den amerikanischen Kontinent: Südamerika, die Vereinigten Staaten und Kanada. Weitere Weinländer runden die Reise ab. „Regionen im Blick" stellt nach der Länderübersicht die Anbaugebiete des jeweiligen Landes mit seinen typischen Weinen vor.

Rot Weiß Rosé Schaumwein Süßwein Likörwein

England und Wales

Lachen Sie nicht, in England kann man anständige Weine produzieren. Manche sind sogar fantastisch, speziell die Schaumweine, denn die Kalkböden des Landes bieten eine gute Drainage und das Klima sorgt für die nötige Säure.

Schwieriger ist die Situation bei Rotwein. Für die englische Schaumweinproduktion wird verstärkt Pinot Noir angebaut, und allmählich kommen auch Stillweine aus dieser Sorte in den Handel. Es braucht noch einige Erfahrung, doch dann werden sicherlich beachtliche Weine präsentiert werden.

Weinanbau ist nicht neu in England. Rebpflanzen sind in England mindestens seit römischer Zeit beheimatet. Die Entdeckung einer römischen Villa mit beachtlichen Weinbergen in Northamptonshire sowie zahlreiche Funde von römischen Trinkgefäßen, aber auch riesigen Weinamphoren belegen, dass in der römischen Provinz Britannien Wein zum Tafelgenuss gehörte. Noch im Mittelalter spielte der Weinbau in England eine bedeutende Rolle. Für das elfte Jahrhundert sind mindestens 38 Weinberge belegt. Sie reichten im Norden bis Yorkshire, und Worcestershire war für seinen Wein – die Cuvée Malvern – berühmt. Erst durch die Ehe Heinrichs II. mit Eleonore von Aquitanien im Jahre 1152, als die Gascogne an England fiel, ver-

rechts Großbritannien kennt keine offiziell definierten Weinbaugebiete. Nur in England und Wales gibt es Weinberge, die hier als dunkle Punkte markiert sind.

oben Ernte von Pinot-Noir-Trauben in den North Downs bei Dorking (Surrey).

loren die Briten das Interesse am Weinbau in England, denn nun wurde Wein aus Frankreich eingeführt. Doch vor 50 Jahren entdeckten die Briten den Weinbau in ihrer Heimat wieder.

In Hambledon (Hampshire) wurde in den 1950er Jahren der erste kommerzielle Weinberg angelegt. Heute bewirtschaften 114 Erzeuger eine Rebfläche von insgesamt 872 Hektar. Die Einstellung zum Weinbau und die Methoden werden immer professioneller, zusätzlich entwickelt sich ein blühender Weintourismus.

Viele Weingüter in England und Wales haben neben ihrem Weinshop ein Restaurant oder Bistro eröffnet und bieten Touren durch die Weinberge sowie Einführungen in die Weinherstellung an.

Inzwischen hat auch die britische Regierung diesen aufstrebenden Agrarsektor entdeckt und gewährt erste Subventionen.

Englische Weißweine haben ein typisches Aroma von Holunderblüte, Apfel und Stachelbeere mit einem Hauch Grapefruitschale. Manche werden halbtrocken (*off dry*) ausgebaut, der Trend geht zur trockenen Stilrichtung. Versuche mit Ausbau in Eiche sind weniger erfolgreich, denn die delikate Frucht leidet darunter. Die Weinbaumethoden sind die gleichen wie in anderen nordeuropäischen Ländern.

Rebsorten

Noch überwiegen die Sorten Müller-Thurgau, Reichensteiner und Seyval Blanc, sie werden aber allmählich durch Chardonnay, Pinot Blanc, Bacchus und Dornfelder ersetzt. Daneben findet man noch Schönburger, Pinot Noir und einige andere. Bei den wenigen Sonnentagen reifen die roten Rebsorten nur schwer, und die Winzer müssen sie mit Plastikplanen schützen.

Anbaugebiete

Es gibt keine offiziell ausgewiesenen Weinregionen in Großbritannien. Wein wird nur in England und Wales angebaut. Obwohl es in fast allen englischen Grafschaften Weinberge gibt – nur sechs Grafschaften bilden eine Ausnahme –, liegen die meisten doch im Süden von England und Wales. Zu wenig Sonne und zu viel Regen – unter diesem Manko leidet der Weinbau in England und Wales. Eine Chance auf Erfolg besteht nur bei sorgfältiger Auswahl des Standortes und Anwendung speziell angepasster Anbautechniken und -methoden.

Qualitäten

Mit dem *Quality wine scheme* gibt es seit 1992 eine offizielle Klassifizierung für englische und walisische Weine. Qualitätsweine werden als *English* oder *Welsh vineyards quality wine* deklariert. Hybridsorten wie Seyval Blanc dürfen laut EU-Richtlinien nicht den Status von Qualitätswein haben. Daher schuf man für sie 1997 das *Regional wine scheme* mit der Bezeichnung *English counties regional wine*.

Frankreich

Viele Jahre, wenn nicht Jahrhunderte, kannten die großen Namen aus den klassischen Weinregionen Frankreichs keine Konkurrenz. Doch dann entdeckte die Wein trinkende Welt, dass es mehr gibt als Bordeaux und Burgunder. Mit guten, verlässlichen Weinen zogen die Produzenten aus der Neuen Welt an ihrem Mentor vorbei. Die zunächst irritierten Franzosen begannen ihre Keller auszumisten und installierten Edelstahltanks sowie modernste Gerätschaften. Resultat: deutliche Verbesserung der Weine auf allen Qualitätsstufen.

Rebsorten

In Frankreich kultiviert man zahlreiche, meist regionaltypische Rebsorten. Hier eine Auswahl.

Die meisten roten Bordeaux sind ein Verschnitt aus drei bis fünf Sorten: Cabernet Sauvignon, Cabernet Franc, Merlot, Petit Verdot und Malbec. Die weißen enthalten Sauvignon Blanc und Sémillon. In Burgund dominieren Pinot Noir und Gamay und bei Weißwein Chardonnay. Champagner darf nur aus den drei Sorten Chardonnay, Pinot Noir und Pinot Meunier gekeltert werden. An der Rhône werden 13 Rebsorten, darunter Syrah, Grenache, Mourvèdre und Viognier angebaut. Im Elsass gibt es französische und deutsche Sorten, unter anderem Gewürztraminer, Riesling und Pinot Gris. An der Loire setzt man auf Trauben aus Bordeaux und Burgund, unter anderem Sauvignon Blanc und Cabernet Franc.

Anbaugebiete

1 Bordeaux
2 Burgund
3 Champagne
4 Elsass
5 Loire-Tal
6 Rhône-Tal
7 Jura und Savoyen
8 Südwesten
9 Languedoc-Roussillon
10 Provence

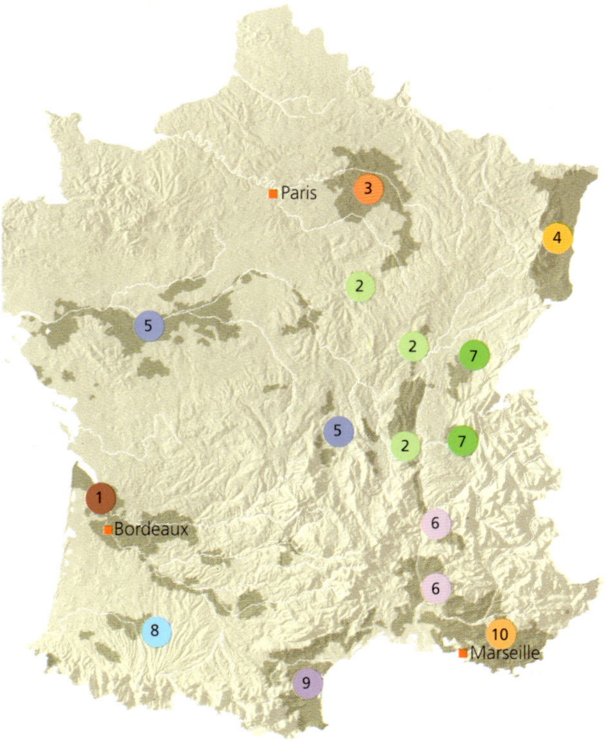

oben Für die Rebflächen der Provence wurden die Pinienwälder auf den Kalksteinhügeln gerodet. Die Region produziert Spitzen- und süffige Weine wie den Côtes de Provence.

In Südfrankreich wird aus den verschiedensten Trauben Wein gemacht. Besonders wichtig sind Cabernet Sauvignon, Merlot und Mourvèdre für Rotweine und Sauvignon Blanc, Petit und Gros Manseng für Weißweine.

Anbaugebiete

Frankreich hat sprichwörtlich jede Weinbausituation zu bieten – vom kühlen Norden mit seinen Kalkböden bis zum sonnigen, nach Thymian duftenden Süden.

Champagne

Beginnen wir im Norden, in der Champagne. Schwer vorstellbar, doch ohne die prickelnden Perlen wäre ein Champagne-Wein fast ungenießbar. Bedingt durch die nördliche Lage enthalten selbst ausgereifte Trauben noch sehr viel Säure. Aber die Zugabe von etwas Hefe und Zucker verwandelt den stillen Wein in ein wohl ausgewogenes Getränk voller Finesse. Das hügelige Anbaugebiet um die Städte Reims und Epernay gliedert sich in vier große Bereiche: Montagne de Reims, Côte des Blancs, Vallée de la Marne und Aube. Champagner ist üblicherweise ein Verschnitt aus Trauben dieser Gebiete. Die Entdeckung des Schaumweins ist angeblich einem Missgeschick zu verdanken. Um 1660 geriet dem Benediktiner Dom Pérignon durch einen Wetterumschlag die Gärung außer Kontrolle, und der Wein behielt seine prickelnde Kohlensäure. Zum Entsetzen des Mönchs stürzte sich die Pariser Gesellschaft begeistert auf den „misslungenen" Wein.

Große Champagner-Häuser produzieren hauptsächlich Markenabfüllungen mit gleich bleibenden Geschmacksstilen, die durch Verschnitt verschiedener Jahrgänge erzielt werden. Nur in außergewöhnlichen

links Die gepflegten, hügeligen Weinberge und die romantischen Häuser erinnern an Deutschland.

Jahren machen sie Jahrgangs-Champagner. *Cuvées de prestige* aus besten Weinen werden in extravaganten Flaschen und entsprechend zu ebensolchen Preisen angeboten.

Elsass

Das Elsass erinnert mit seinen dichten Wäldern und romantischen Fachwerkhäusern an Deutschland. Tatsächlich war das Elsass lange Zeit deutsch, bis es nach dem Zweiten Weltkrieg endgültig an Frankreich fiel. Die wechselvolle Geschichte spiegelt sich in den Weinen wider, deutsche Rebsorten überwiegen. Doch Elsässer sind anders als die deutschen Weine höher im Alkohol und trockener. Die besten, als *Grand cru* klassifizierten Weine sind deutlich vom Terroir (siehe Seite 173) und seiner jeweiligen Bodenbeschaffenheit geprägt. Spät gelesene Weine heißen *Vendange tardive*. Die seltene süße und teure *Sélection de grains nobles* ist mit einer Beerenauslese vergleichbar. Es gibt auch sehr gute Schaumweine, die Crémants d'Alsace.

Loire-Tal

Südlich von Paris trifft man auf den längsten Fluss Frankreichs, die Loire mit ihren berühmten Schlössern. Die gesamte Loire lässt sich in vier große Anbaugebiete mit jeweils eigenem Weinstil einteilen: Muscadet an der Loire-Mündung, Touraine, Anjou und die obere Loire. Der neutrale Muscadet mit seinem niedrigeren Alkoholgehalt passt vorzüglich zu den Austern der Region. Achten Sie auf die Herkunftsangabe (Muscadet) *de Sèvre-et-Maine* und den Zusatz *sur lie* auf dem Etikett. Durch längere Lagerung auf ihrer Hefe haben diese Weine einen spritzig volleren Geschmack. Vom Rosé d'Anjou ist abzuraten, deutlich besser sind der weiße Anjou und die roten Anjou-Villages, besonders aus Saumur-Champigny. Bourgueil und Chinon empfehlen sich als rote Touraine-Weine, ebenso der süße weiße Vouvray aus der Rebsorte Chenin Blanc. An der oberen Loire liegt die Heimat der rassigen Weine aus Sancerre und Pouilly-Fumé sowie der geschmacklich ähnlichen, aber leichteren aus Menetou-Salon und Reuilly.

Burgund

Burgund hat ein besonders kompliziertes Klassifizierungssytem, und es dauert sehr lange, bis man alle Nuancen seines Terroir verstanden hat. Versuchen wir eine vereinfachte Übersicht. Zunächst gibt es allgemeine Appellationen (Herkunftsbezeichnungen) wie Bourgogne Rouge, die das gesamte Burgund umfassen. Regionale Appellationen wie Chablis definieren einen Teilbereich. Darüber stehen die Gemeindeweine, etwa Mersault. Ein *Premier cru* trägt den Gemeindenamen verbunden mit einer besonderen Lage – Meursault-Charmes. Die edlen *Grands crus* sind lediglich mit dem Namen des Weinbergs, beispielsweise Montrachet, etikettiert. Weil sich die Weinlagen oft auf viele Besitzer verteilen, hatten früher die *négociants* (Händler) das Sagen. Heute kommen die besten Weine von Winzern, die selbst abfüllen.

Seine vielgestaltige geologische Beschaffenheit macht Burgund so einzigartig. Selbst unmittelbar benachbarte Reblagen können sich stark unterscheiden. Rote Burgunder variieren in der Frucht von leichter, roter Johannisbeere (in Santenay) bis hin zu kräftiger, voller Brombeere (Gevrey-Chambertin). Weiße Spitzen-Burgunder sind von beachtlicher Struktur, üppig voll beim Mersault, geprägt von einem Aroma, das an Feuerstein erinnert, beim Puligny- und Chassagne-Montrachet.

Burgund beginnt im Norden mit den stahligen Chablis-Weinen. Die Côte d'Or zwischen Dijon und Santenay ist das Kerngebiet. Von hier, etwa aus Beaune und den umliegenden Dörfern, kommen die besten roten und weißen Burgunder. Im Süden schließen sich die Côte Chalonnaise und das Mâconnais an mit weichen und gefälligen Weinen. Danach kommt das Beaujolais, dessen beste Weine (*crus*) von beachtlicher Substanz und Nachhaltigkeit sind und nichts mit dem bekannten Beaujolais Primeur gemein haben.

Noch ein kurzer Abstecher nach Osten, dort liegen in Alpennähe die Regionen Jura und Savoyen. Weißweine aus dem Jura zeichnen sich durch einen typisch nussigen Geschmack aus. Savoyer Weißweine werden aus der Rebsorte Altesse gemacht.

rechts Saumur an der Loire ist die wichtigste Weinstadt und der Sitz der bedeutendsten Weinhandelshäuser der Region.

Nördliches Rhône-Tal

Fast am gesamten Flusslauf der Rhône, von der Quelle in den Schweizer Alpen bis hin zur Mündung bei Marseille, finden sich Weinberge. Die Auswahl an Rebsorten ist Schwindel erregend. Man unterscheidet einen nördlichen und einen südlichen Bereich. Im Norden wachsen die Reben auf steilen Granitterrassen und liefern einige der besten Rhône-Weine: Ein Côte-Rôtie aus duftendem Syrah kostet ebenso viel wie ein Spitzen-Bordeaux oder -Burgunder. Côte Blonde und Côte Brune haben ganz individuelle Stile. Aus Condrieu und Château-Grillet kommen Weißweine mit Kultstatus. Der Viognier-Traube verdanken sie ihre üppige Aprikosenfrucht. St-Joseph liefert etwas leichtere Rotweine als die Côte-Rôtie.

Hermitage und Crozes-Hermitage kommen anschließend. Rote Hermitage aus Syrah sind weltberühmt und brauchen oft ein Jahrzehnt, bis sie sich öffnen. Die üppigen, dunklen Cornas-Weine sind „Mini-Hermitages“. In St-Péray endet die nördliche Rhône, dort gibt es stille und sprudelnde Weißweine.

Südliches Rhône-Tal

Die Landschaft ändert sich dramatisch, das Flusstal weitet sich zu endlosen Ebenen. Auch die Weine sind anders, mit einer Vielzahl von Rebsorten, die in den heißen Sommern bestens reifen.

Die meisten – egal ob rot, weiß oder rosé – kommen als Côtes du Rhône in den Handel. Eine höhere Qualitätsstufe haben die Côtes du Rhône-Villages aus 16 verschiedenen Gemeinden. Das höchste Ansehen genießt allerdings die Appellation Châteauneuf-du-Pape mit intensiv nach Himbeer duftenden Rotweinen und pfirsichfruchtigen Weißweinen. Aus Gigondas kommen gute Rot- und Roséweine, ebenso aus Vacqueyras. Lirac und Tavel sind für ihre Rosés berühmt. Sektliebhaber sollten einmal die Clairette de Die aus dem Tal der Drôme probieren.

oben Grenache Noir, die häufigste Rebsorte der Region, gedeiht prächtig auf den sonnendurchglühten Kiesböden der südlichen Rhône.

Bordeaux

Bordeaux produziert die meisten Spitzenweine in Frankreich. Berühmt sind die Rotweine, und an den besten müssen sich Weine weltweit messen lassen. Doch die Region schwächelt. Die Kritik an explodierenden Preisen für die Spitzenweine, Qualitätseinbrüche bei den einfacheren Weinen und wachsende Konkurrenz aus der Neuen Welt – all das führte zu sinkendem Absatz. Die zuständige Regulierungsorganisation *Conseil Interprofessionel du Vin de Bordeaux* (CIVB) hat sich den Qualitätsfragen angenommen und verspricht Verbesserungen.

Die Gironde fließt mitten durch die Region. Die Namen vieler Châteaux – Smith-Haut-Lafitte, Lynch-Bages, Palmer – verweisen auf englische, schottische und irische Familien, die hier zunächst als Händler, dann als Winzer tätig wurden. Bordeaux gehörte ab 1152, als Heinrich II. Eleonore von Aquitanien heiratete, für 300 Jahre zu England. Der Aufstieg des Médoc begann im 17. Jahrhundert, als Holländer die Sümpfe trockenlegten und zu Rebland machten. Damals wurden auch die meisten der Schlösser erbaut.

Die Weine sind sehr verschieden: Die Lagen bieten sehr unterschiedliche Boden- und Klimabedingungen, sie sind mit unterschiedlichen Rebsorten bestockt, und auch die Persönlichkeit des Besitzers spielt eine Rolle. Bordeaux Rouge und Bordeaux Blanc sind die einfachsten Appellationen, Bordeaux Supérieur etwas anspruchsvoller. Enger gefasst sind die AOC-Bereiche Médoc, Graves, Pessac-Léognan, St-Émilion und Pomerol.

Bordeaux hat eigene Klassifizierungssysteme: In dem berühmten von 1855 teilten Weinhändler die Médoc-Châteaux (und Haut Brion aus den Graves) in fünf *Cru*-Stufen ein. Die Qualität gipfelt in einem *Premier cru* wie Château Margeaux. *Cru bourgeois* (siehe Seite 71) ist darunter angesiedelt.

Provence

Die Provence hat mehr zu bieten als die fröhlichen Rosés, die man vielleicht aus dem Urlaub kennt. Die Region entwickelt sich dynamisch, und einige ambitionierte Winzer machen heute erstklassige Weine. Bestes Beispiel ist die kleine Appellation Bandol mit dichten, oft nach Trüffeln duftenden Roten und charaktervollen Rosés. Côteaux Varois ebenso wie die Provence-Appellationen Cassis, Bellet, Palette, Côteaux d'Aix-en-Provence und Les Baux-de-Provence produzieren gute Weine. Bei den als Côtes de Provence in den Handel gebrachten Weinen, also dem größten Teil, muss man länger nach Qualität suchen. Bleibt noch die Insel Korsika zu erwähnen. Die Weine aus den Appellationen Patrimonio und Ajaccio sind deutlich besser geworden und empfehlenswert.

Languedoc-Roussillon

Früher nur als Produzent billiger Weine bekannt, überrascht die Region heute mit erstaunlichen Weinen. Sie umfasst die Departements Aude, Gard, Pyrénées-Orientales und Hérault und reicht von Montpellier bis hinter Perpignan. Die großartigen Weine, teils aus traditionellen Rebsorten wie Syrah, teils aus Cabernet Sauvignon oder Chardonnay, umgehen das starre AOC-Reglement und sind „nur" *Vins de pays.*

Der Südwesten

In Bergerac und Buzet kultiviert man die gleichen roten und weißen Traubensorten wie in Bordeaux. Die qualitativ ebenbürtigen Weine sind deutlich günstiger. Freunde des Tannins greifen zum Cahors – inzwischen ist er aber viel zugänglicher als früher. Aus Gaillac sind vor allem die Weißen bekannt, Madiran ist hingegen für seine Roten aus dem einheimischen Tannat prominent. Etwas südlicher liegt Jurançon, das berühmt ist für seine traditionsreichen süßen Weißweine. Heute werden hier auch trockene Weiße produziert.

Qualitäten

Französischer Wein wird in vier Klassifikationsstufen eingeteilt. Die qualitative Spitze bildet die *Appellation d'origine contrôlée* (AOC oder AC). Ein AOC-Wein kommt aus dem auf dem Etikett genannten Anbaugebiet und ist aus zugelassenen Trauben gemacht. Der *Vin délimité de qualité supérieure* (VDQS) unterliegt ähnlichen Regeln und kommt aus einer (noch) nicht als AOC anerkannten Region. *Vins de pays* (Landweine) rangieren darunter. Sie tragen eine Herkunftsbezeichnung und nennen oft die Rebsorte. Innovative Winzer umgehen so insbesondere im Süden die Einschränkungen der AOC-Klasse. Hinter den *Vins de table* (Tafelweine) stecken einfache Weinverschnitte ohne genaue Herkunftsangaben.

rechts Hérault im Languedoc ist das französische Departement mit der größten Rebfläche.

Mourvèdre-Stöcke auf den Weinbergen von Château la Rouvière.

BANDOL

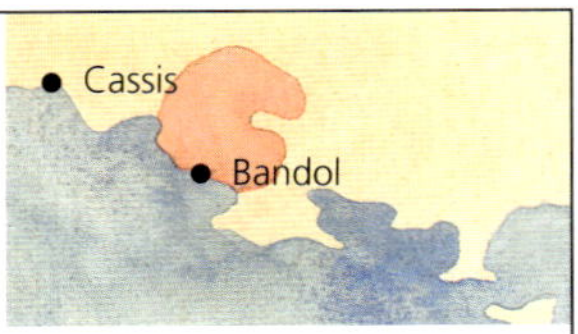

Aus der kleinen Appellation Bandol, dem Juwel der Provence, kommen die besten Roten und einige der besten Rosés der Region. Die Mourvèdre-Traube mit ihren Trüffel- und Pilzaromen dominiert hier, während sie anderswo bei weitem keine so guten Weine ergibt. Bandol heißt auch die Hafenstadt, von der aus die Weine früher in alle Welt verschifft wurden. Die terrassenförmigen Weinberge sind nach Süden ausgerichtet und gut vor den kalten Nordwinden geschützt. Grenache und Cinsault werden hauptsächlich für die würzigen Rosés angebaut. Es gibt auch Weißweine, doch Rotweine sind das Aushängeschild.

Cabernet Sauvignon prägt die Weine der Region.

PESSAC-LÉOGNAN

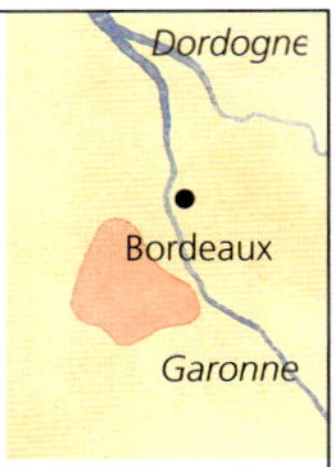

Hier liegt der beste Teil der großen, von Kiesböden geprägten Appellation Graves südlich der Stadt Bordeaux. Pessac-Léognan, benannt nach den beiden wichtigsten Gemeinden, wurde erst 1987 als AOC ausgegliedert. Sie erfasst alle Güter der Graves-Klassifikation von 1959. Die Weine sind unverwechselbar. Die Roten werden aus Cabernet Sauvignon, etwas Merlot und Cabernet Franc gemacht. Verkoster notieren typische rauchig-erdige Aromen. Die mächtigen Weißweine aus Sauvignon Blanc und Sémillon kommen von den Weinbergen mit sandigeren Böden, sie können zehn Jahre und länger reifen.

Das päpstliche Schloss ist eine Ruine, aber die päpstlichen Weinberge gedeihen weiter auf dem steinigen Boden.

CHÂTEAUNEUF-DU-PAPE

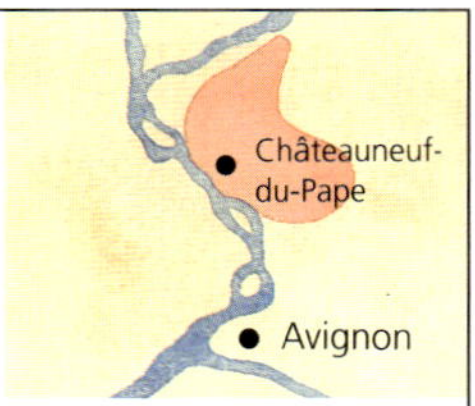

Châteauneuf-du-Pape produziert die besten Weine der südlichen Rhône mit intensiver, weicher Himbeerfrucht. Der Wein verdankt seinen Namen – neues Papstschloss – der Verlegung des päpstlichen Hofes im 14. Jahrhundert nach Avignon. Bald entstand auch ein päpstlicher Weinberg. Insgesamt sind 13 verschiedene Traubensorten zugelassen, doch Grenache dominiert die Rebpflanzungen. Auf den kargen Böden liefert sie Weine, die konzentriert und zugleich von außergewöhnlicher, süßer Frucht sind. Es gibt auch weißen Châteauneuf aus Grenache Blanc und anderen Rebsorten, doch er ist selten und oft fehlen ihm etwas Frucht und Säure.

Frische ist der Schlüsselbegriff für Weißweine der Touraine.

TOURAINE

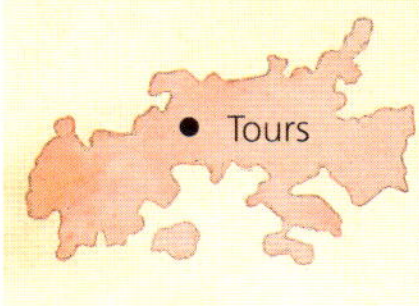

Die Touraine, die Gegend um die Stadt Tours, nennt man auch den Garten Frankreichs. Diese zentrale Region der Loire ist berühmt für ihre Rotweine aus den Appellationen Bourgueil, Chinon und St-Nicolas-de-Bourgueil. Trockene und süße, stille und moussierende Weiße kommen aus Vouvray und Montlouis. Das Klima variiert stark: Es ist ausgeprägt kontinental in den östlichen Teilen, moderat und vom Atlantik beeinflusst in den westlichen Lagen. Von den zahlreichen dort vertretenen Rebsorten entwickeln sich Sauvignon Blanc und Gamay in den östlichen Bereichen am besten. Die berühmtesten Loire-Sauvignons kommen aus Sancerre und Pouilly-Fumé.

Madiran hat in den letzten 20 Jahren eine Weinrevolution erlebt.

MADIRAN

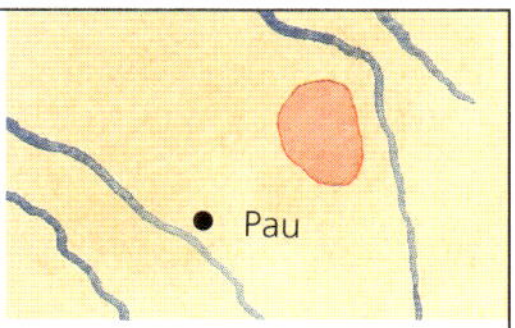

Madiran gehört sicherlich zu den dynamischsten Weinregionen Frankreichs. Aus den ehemals kantigen Tanninbomben sind heute ansprechende würzige Rotweine geworden. Die lokale rote Rebsorte Tannat dominiert die Weine. Die Weinmacher haben Wege gefunden, die hartschalige Traube zu bändigen, beispielsweise durch kontrollierte Belüftung der Gärtanks. Heute produzieren sie fruchtbepackte, jung trinkbare Weine mit Alterungspotenzial. Die Weißen aus lokalen Rebsorten wie Courbu, Petit und Gros Manseng tragen die Appellation Pacherenc du Vic-Bilh. Je nach Jahrgang werden diese tiefgelben Weine trocken oder süß ausgebaut.

Weinberg mit Gamay-Reben in Chiroubles, einer der zehn besten Gemeindelagen im Beaujolais.

BEAUJOLAIS

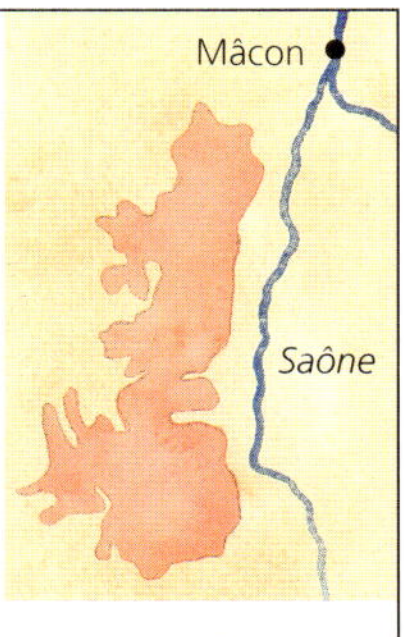

Vergessen Sie den Primeur und greifen Sie lieber zu einem Beaujolais Villages oder Beaujolais Cru. In diesem Teil Burgunds ist die Rebsorte Gamay der Star. In den Hügeln oberhalb von Lyon liefert sie Weine mit klarer, einladender Frucht. Aus *Cru*-Lagen gelingen sehr aromatische Weine, die sogar durch Reifung (einige Jahre) besser werden. Die zehn Beaujolais Crus heißen: Brouilly, Côte de Brouilly, Régnié, Morgon, Chiroubles, Fleurie, Moulin-à-Vent, Chénas, Juliénas und St-Amour. Obwohl sie alle aus Gamay gemacht werden, schmecken sie doch deutlich verschieden.

Spanien

Spanien ist der drittgrößte Weinproduzent der Welt und als Weinland ähnlich komplex wie Frankreich und Italien. Doch sind die spanischen Weine – abgesehen von den weichen Rioja-Rotweinen mit ihrem intensiven Vanillearoma oder dem Sherry in seinen verschiedenen Varianten – nur wenig bekannt. Inzwischen wird intensiv für spanischen Cava aus Katalonien geworben, aber die meisten spanischen Weine gilt es noch zu entdecken.

Es hat sich viel getan in den letzten zehn Jahren. Beachtliche Summen wurden in neue Weinberge und moderne Gerätschaften investiert, die Fortschritte in der Weinbereitung waren gewaltig. Statt billiger Massenware produziert man attraktive frische, fruchtige Weine.

War man in Spanien früher konzentriert auf den Ausbau in Holzfässern, favorisiert man heute eine moderne Weinbereitung in Edelstahltanks. Kaltgärung und baldige Abfüllung auf Flaschen sind angesagt, eine längere Reifung in frischer Eiche ist praktisch nur noch bei den traditionellen Spitzenweinen erwünscht. Zahlreiche gute spanische Weine drängen auf den Markt und sorgen international für Aufsehen.

Die landschaftlichen Extreme Spaniens – von der üppig grünen Küste im Norden bis

Anbaugebiete

1 Rioja und Navarra
2 Katalonien
3 Jerez
4 Cava
5 Ribera del Duero
6 La Mancha
7 Valdepeñas
8 Valencia
9 Montilla
10 Bullas
11 Vinos de Madrid
12 Campo de Borja
13 Chacolí de Bizkaia
14 Andere DO-Gebiete

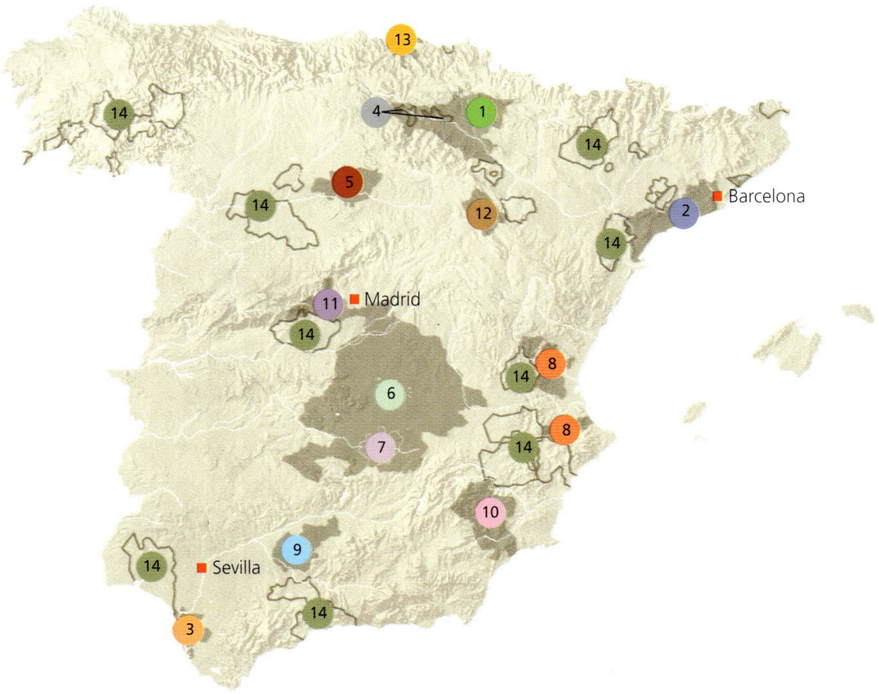

zu den ausgedörrten, weißen Ebenen des Südens – spiegeln sich in den Weinen wider. Aus der kühlen Atlantikregion Galiciens kommen leichte, trockene Weiße, aus den Mittelmeerbereichen schwere Rote mit höherem Alkoholgehalt. Und aus Andalusien im Südwesten der bekannte Sherry.

Spanien ist das Land mit der größten Rebfläche weltweit, durch das trockene Klima sind die Erträge aber niedrig, und man erreicht bei der Weinproduktion nur Platz drei.

Rebsorten

Spanien kennt über 600 verschiedene Rebsorten, doch nur etwa 20 belegen über 80 Prozent der Rebfläche. Garnacha ist als Traubensorte für Qualitätsweine führend, Tempranillo folgt auf Platz zwei, dicht dahinter Cariñena und Macabeo. Albariño in Galicien und Verdejo in Rueda sind im Kommen. Auch internationale Sorten, speziell Cabernet Sauvignon, Merlot und

rechts Ribera del Duero produziert heute einige der besten Weine Spaniens.

oben Das katalanische Castillo de Milmando aus dem 11. Jahrhundert thront über den Chardonnay-Weinbergen.

Chardonnay, gewinnen in einzelnen Gebieten Spaniens an Boden.

Anbaugebiete

Im Nordwesten, im grünen Galicien, befinden sich die Gebiete Rías Baixas mit dem eindrucksvollsten spanischen Weißwein und Ribeiro. Im Norden Zentralspaniens liegt das traditionsreiche Rioja. Südlicher davon erzeugt Ribera del Duero einige der besten Weine Spaniens und auch die benachbarten Gebiete Cigales, Toro und Rueda haben einige Erfolge aufzuweisen.

oben In Katalonien haben sich internationale Rebsorten wie Sauvignon Blanc bewährt.

Im Nordosten liegen das aufstrebende Somontano, das solide Penedès und Priorato mit üppig vollen Rotweinen. In den weiten Ebenen Zentralspaniens findet man La Mancha mit seinen weichen, zugänglichen Rotweinen und Valdepeñas. Jerez im Südwesten ist berühmt für seinen Sherry.

Qualitäten

In Eiche ausgebaute spanische Rotweine tragen meist die Zusätze *Crianza*, *Reserva* oder *Gran Reserva*. Die Qualitätsstufen entsprechen im Wesentlichen den allgemeinen EU-Regelungen. *Vino de mesa* ist einfacher Tafelwein, *Vino comarcal* ein Wein mit regionaltypischem Charakter (nicht aus DO-Gebieten) und *Vino de la tierra* ein Landwein. *Denominación de origen* (DO) entspricht der französischen AOC-Stufe, es gibt heute in Spanien fast 60 DO-Anbaugebiete, ihre Zahl steigt stetig. *Denominación de origen calificada* (DOC) soll wie die italienische DOCG eine Topkategorie schaffen, bisher sind hierfür nur zwei Weine zugelassen: 1991 erreichte Rioja als erstes Weinbaugebiet diese Qualitätsstufe und 2001 folgte Priorato.

unten Pyrenäen und Atlantik beeinflussen das Klima in Rioja, es schafft besondere Wachstums- und Reifebedingungen in den Weinbergen.

In Ribera del Duero trägt die Rebsorte Tempranillo den Namen Tinto del País.

RIBERA DEL DUERO

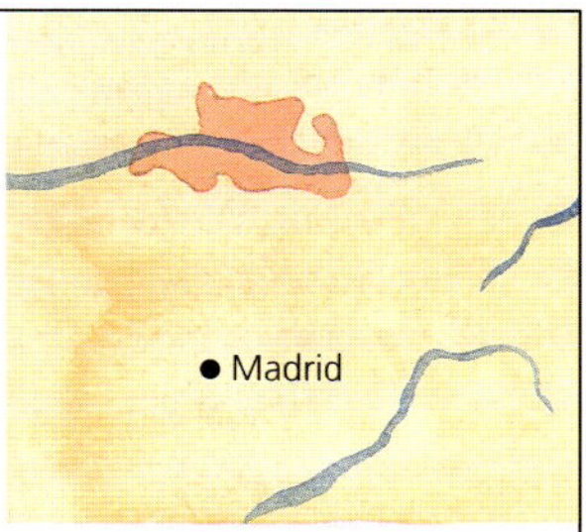

Aus Ribera del Duero kommt der teuerste spanische Wein, der Vega Sicilia. Mit dem Pesquera erzeugt die Region einen weiteren Kultwein. Sie bietet ideales Rotweinland. Auf dem kargen Plateau zwischen Valladolid und Aranda in der Nähe des Duero (Douro in Portugal) wächst hauptsächlich Tempranillo, der hier auch Tinto Fino oder Tinto del País heißt. Im Gegensatz zu den seit drei Jahrhunderten berühmten Portweinen ist der Erfolg der Weine aus Ribera del Duero noch jung.

Sprudelnder Cava entsteht im Champagner-Verfahren.

PENEDÉS

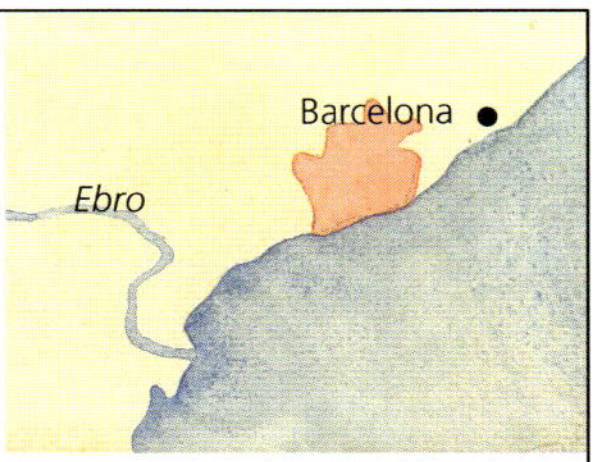

Die katalonische Topregion Penedés wurde weltbekannt durch Cava, der seinen charakteristischen Geschmack den Traubensorten Parellada, Macabeo und Xarel-lo verdankt. Berühmt sind auch seine Rot- und Weißweine im internationalen Stil. Miguel Torres ist der wichtigste Produzent der Gegend, mit einem Sortiment, das von eichenfassgereiften Roten bis zu zitrusfrischen Weißen reicht. Durch den Import französischer Rebsorten und Verfahren in den 1970er Jahren brachte er neuen Schwung in die Region.

Im feuchtheißen Klima des Nordwestens erfolgt die Rebenerziehung in Pergolaform.

RÍAS BAIXAS

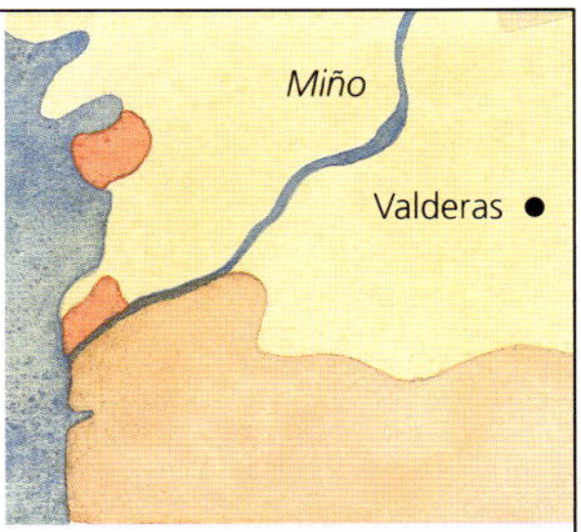

Die Rebsorte Albariño ist der unangefochtene Star der Region, und ihre Weine beeindrucken Gäste von Weinlokalen in der ganzen Welt. Man kann den Wein pur genießen oder zum Essen trinken: Mit ihren vollen Pfirsich- und Aprikosenaromen sind sie die besten Weißweine Galiciens, wenn nicht sogar ganz Spaniens. Mit Wolken, Regen und üppig grünen schmalen Buchten (*rías*) präsentiert sich hier ein wenig bekanntes Spanien. Die Reben werden in Pergolaform (Laubengänge) hochgezogen, um die Trauben vor der Feuchte des Granituntergrunds zu schützen.

Portugal

Die meisten denken bei Portugal zunächst an Portwein, ein süßes, klebriges Getränk, das vor allem ältere Herrschaften zu schätzen scheinen. Oder an Mateus Rosé mit seiner besonderen Flasche, aus der man in den 1970er Jahren begeistert Lampen bastelte. Umdenken ist angesagt: Zum einen ist Port ein wirklich guter Wein, und zum anderen erzeugt Portugal vorzügliche Weine.

Den größten Teil ihrer Weinproduktion konsumieren die Portugiesen allerdings selbst. Aber die eigentümlichen Namen der einheimischen Rebsorten sollten uns nicht abschrecken, sie schmecken großartig. Das Spektrum reicht von vollfleischigen Douro-Rotweinen bis hin zum leichten, spritzigen Vinho Verde. Vereinzelt werden auch internationale Rebsorten wie Cabernet Sauvignon und Chardonnay angepflanzt, doch die portugiesischen Winzer sind eher traditionsbewusst. Sie halten an ihren einheimischen Rebsorten fest und setzen auf verbesserte Kellertechnik und Anbaumethoden.

Noch eine Anmerkung zu Port. Servieren Sie einmal einen gut gekühlten zehnjährigen Tawny als Aperitif. Oder mixen Sie aus weißem Port, etwas Tonicwater, einigen Eiswürfeln und einem Zweig Borretsch einen herrlich frischen Sommerdrink.

Kurz gesagt, Portugal ist ein kleines Land mit einer großen Weinzukunft – seine Weine verdienen unsere Beachtung.

Rebsorten

Bei den roten Sorten sind neben den aus der Portwein-Erzeugung bekannten Touriga Nacional und Tinta Roriz noch Baga und

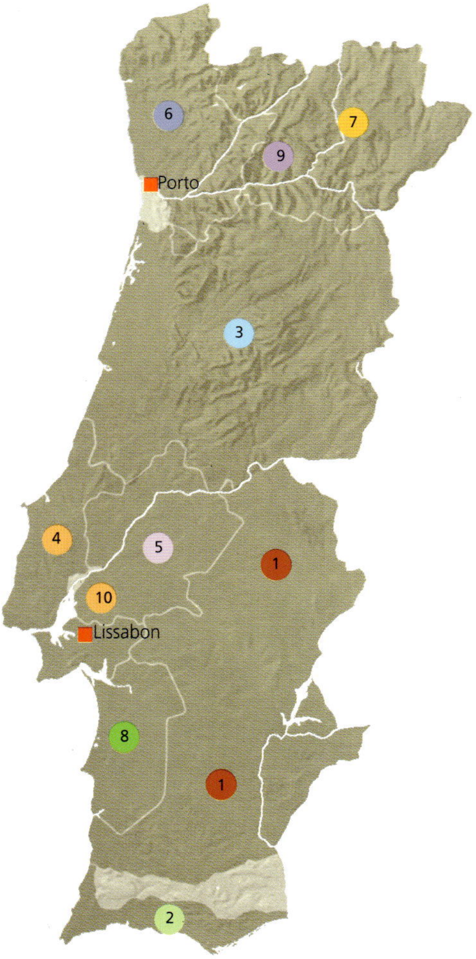

Anbaugebiete

1 Alentejo
2 Algarve
3 Beiras
4 Estremadura
5 Ribatejo
6 Vinho Verde
7 Trás-os-Montes
8 Terras do Sado
9 Douro
10 Dão

Periquita zu erwähnen. Charakteristische Weißweine entstehen aus der würzigen Fernão Pires und der parfümierten Roupeiro. Am bekanntesten ist Alvarinho, die Rebsorte des Vinho Verde.

oben In den Weinbergen des Douro-Tals benutzt man noch immer die altertümlichen schweren Körbe, um die Trauben nach der Lese über die steilen Hänge hinabzutragen. Touristen erfreuen sich an der Ursprünglichkeit des Szenarios.

Anbaugebiete

Im Norden liegt das Gebiet Vinho Verde (*verde*, also grün, steht hier für jugendlich

oben Aus dem Douro-Tal kommen sehr interessante Rotweine, bekannt ist es aber als Heimat des Portweins.

unten Portwein gilt nicht mehr als altmodisch und langweilig, er wird zunehmend geschätzt.

frisch), etwas südlicher das Douro. Mehr im Zentrum findet man angrenzend an den leicht altmodischen Bereich Dão, Bairrada, Estremadura, Ribatejo und die weniger bekannten Gebiete Portalegre, Bucelas, Carcavelos, Setúbal, Terras do Sado und Colares. Bleiben noch das Alentejo und natürlich die vor der Küste Afrikas gelegene Insel Madeira mit ihren außergewöhnlichen gespriteten Weinen.

Qualitäten

Suchen Sie nach der Bezeichnung *Denominação de origem controlada* (DOC) auf dem Etikett, der höchsten Qualitätsstufe für portugiesischen Wein. Neuere Anbaugebiete sind zunächst als etwas niedrigere Stufe *Indicação de proveniência regulamentada* (IPR) ausgewiesen. *Vinho regional* (Landwein) bedeutet nicht automatisch niedrige Qualität, denn die Produzenten haben wie beim *Vinho de mesa* (Tafelwein) mehr Spielraum bei der Rebsortenwahl.

Die steilen Weinberge des Douro-Tals sind terrassenförmig angelegt.

DOURO

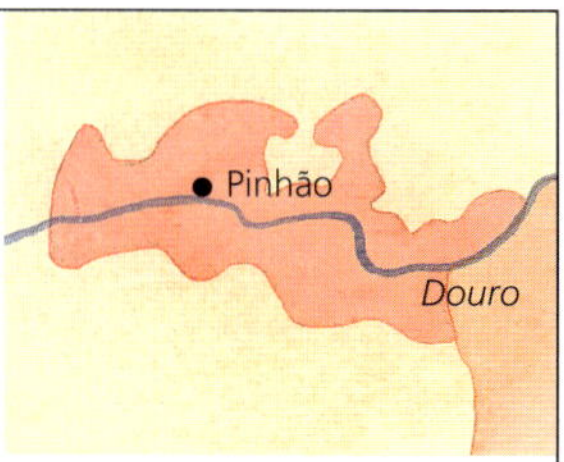

In dieser Gegend vermutet man nur die vollmundigen, süßen, alkoholstarken Portweine. Doch die Region hat mehr zu bieten. Einige Portwein-Erzeuger produzieren heute auch ansprechende Tischweine (*Vinho de mesa*). Die überwiegend roten Weine erzielen beachtliche Preise. Barca Velha, der teuerste Wein Portugals, wird im Douro vom Haus Ferreira erzeugt. Die Weinberge dieser Spitzenweine liegen im kühleren Westteil der Region oder im oberen Bereich der Hänge. Die besten Portwein-Lagen findet man im Zentrum des Douro-Tals, auf terrassierten Steilhängen bei der Stadt Régua.

Sorgfältig wählen Erntehelfer im Alentejo reife Trincadeira-Trauben aus.

ALENTEJO

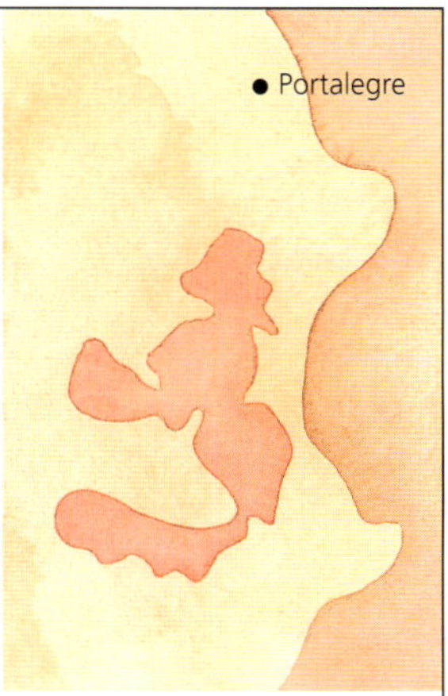

Die nur schwach bevölkerten Ebenen des Alentejo bedecken fast ein Drittel Portugals, von der Westküste bis zur Grenze mit Spanien. Die besseren Weine der Region tragen das DOC-Label. In den acht DOC-Untergebieten, wie Redondo, Reguengos und Vidigueira, produzieren engagierte Winzer erfreuliche Rot- und Weißweine. Die Region ist weltweit einer der größten Korklieferanten: Korkeichen prägen das Landschaftsbild.

Sanfte Reifung im feuchten Klima verleiht dem Madeira sein einzigartiges Aroma.

MADEIRA

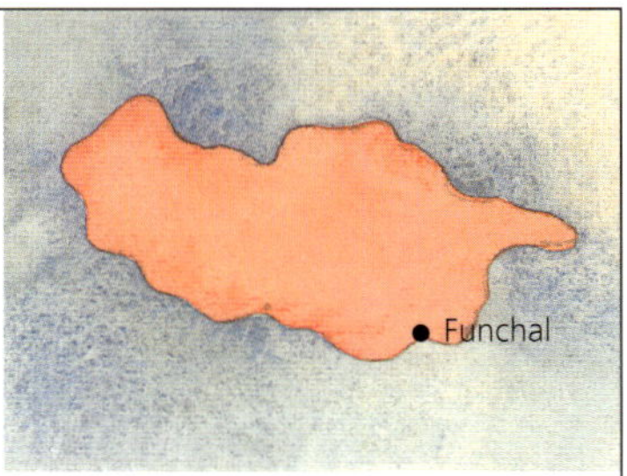

Die Insel Madeira, 1200 Kilometer südwestlich von Lissabon im Atlantik gelegen, liefert ganz vorzügliche gespritete Weine. Die Trauben wachsen auf den terrassierten Vulkanhängen der Insel und reifen im feuchten subtropischen Klima. Der unterschiedliche natürliche Zuckergehalt der einzelnen Sorten prägt die verschiedenen Stile. Sercial liefert die trockensten, Malvasia die süßesten Madeiras. Rosinenartige Fruchtigkeit und hoher Säuregehalt machen sie zu langlebigen Weinen.

Italien

In der Antike nannten die Griechen Italien „Land des Weins". Noch immer wachsen in ganz Italien Reben, von den Ausläufern der Alpen bis zur winzigen Insel Pantelleria vor der tunesischen Küste. Wein durchdringt fast alle Lebensbereiche Italiens, wie der Rest der Welt langsam erkennt. Früher machten sich die Italiener wenig Kopfzerbrechen über die Qualität ihrer Weine. Doch nach dem Zweiten Weltkrieg begann die Aufholjagd, und heute messen sich die italienischen Topweine mit den besten Gewächsen aus Bordeaux. Sie kommen nicht nur aus der Toskana oder dem Piemont, fast jede Region präsentiert rote und auch weiße Spitzenweine. Das Tempo der Veränderungen war und ist rasant, verbunden mit einer anarchischen Kreativität beim Umgehen der oft hinderlichen Weingesetze für die neuen Qualitätsansprüche.

Anbaugebiete

1 Nordwest-Italien
2 Nordost-Italien
3 Westliches Mittelitalien
4 Östliches Mittelitalien
5 Süditalien und die Inseln

oben Chianti Classico liegt im Herzen des Chianti-Anbaugebietes in der Toskana.

Noch immer gibt es eine Menge belangloser Weine, die oft unter dem Etikett Soave, Valpolicella und ähnlichen Namen verkauft werden. Die Weißen sind meistens weniger interessant, und bei den Roten findet sich häufig eine gewisse bittere Note. Für den puren Weingenuss sind sie deshalb weniger geeignet, passen aber ganz gut zu bestimmten Gerichten. Italien ist kein einheitliches Weinland, italienische Weine erschließen sich am besten aus ihrer regionalen Herkunft.

Rebsorten

Italien kennt eine Fülle verschiedener Rebsorten, mehr als jedes andere Land in Europa. Es werden internationale Sorten angebaut, doch bei der Einführung französischer Reben und Techniken entdeckte man neu die Vorzüge der einheimischen Sorten.

Beginnen wir im Nordwesten: Der Star im Piemont ist die Nebbiolo-Traube mit Weinen wie Barolo und Barbaresco. Barbera und Dolcetto sind ebenfalls rote Sorten, aus Arneis werden die besten Weißweine der Region gemacht.

In Südtirol (Alto Adige) dominiert die rote Schiava, im Nordosten gibt es eine Vielzahl interessanter Rebsorten, wie etwa Tocai Friulano, Teroldego und Corvina.

links Schneebedeckte Alpengipfel formen den dramatischen Hintergrund der Weinberge Südtirols. Die Weine der Region sind weit über Italien hinaus bekannt.

Die Hauptsorten Mittelitaliens sind Sangiovese für Rot- und Trebbiano für Weißweine. Im Süden sind Primitivo und Aglianico erwähnenswert.

Anbaugebiete

Auf den Hängen Südtirols wachsen Rebsorten, aus denen frische, duftige Weißweine erzeugt werden. Aus dem Piemont und dem Veneto kommen einige der aufregendsten Rotweine des Landes. In Mittelitalien variieren die Weine von leicht und süffig, wie der nussige Frascati aus Rom, bis zu schäumend, wie der Lambrusco. Hier ist auch die Heimat der *Super-Toskaner*, die aus internationalen und einheimischen Rebsorten gekeltert werden. Damit verstießen sie gegen die Weingesetze und waren bis vor kurzem noch als einfacher *Vino da tavola* klassifiziert. Im Süden, mit Regionen wie Kampanien, fand der Wandel erst vor kurzem statt. Hier findet man wuchtige, üppige Rotweine aus der süditalienischen Traube Aglianico. Die lokalen Rebsorten Greco di Tufo und Fiano di Avellino liefern Weißweine mit Honigaromen. Aus Sizilien kommt der nussige, buttrige Marsala.

Qualitäten

Italienische Weine werden in vier Kategorien eingeteilt. Es beginnt mit dem einfachen *Vino da tavola* (VdT). Für die höhere Stufe *Denominazione di origine controllata* (DOC) sind Rebsorten, Anbau- und Vinifizierungstechniken genau vorgeschrieben. Die *Denominazione di origine controllata e garantita* (DOCG) steht eigentlich nur den besten Weinen zu. Wo aber bleiben die Einzelkämpfer, die auf französische Edelsorten und Techniken setzen? Die neue Kategorie *Indicazione geografica tipica* (IGT), zwischen VdT und DOC, gibt ihnen mehr Entfaltungsmöglichkeiten als die strenge DOC.

unten Italien, größter Weinexporteur der Welt, bietet ein breites Sortiment an Weinen, die ständig verbessert werden.

VENETO

Aus solchen Weinbergen mit Trebbiano- und Garganega-Reben kommt einer der bekanntesten Weißweine Italiens, der Soave.

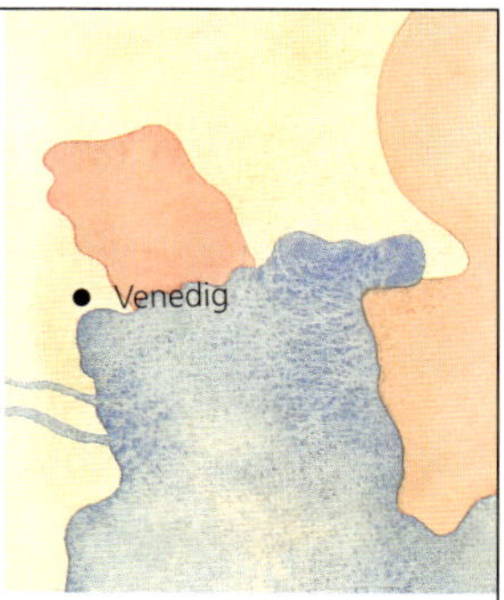

Das Anbaugebiet Veneto erstreckt sich von der Adria bis zum Gardasee und von den Dolomiten im Norden bis zur Po-Ebene im Süden. Hier im Zentrum der italienischen Weinindustrie wird seit Jahrhunderten Wein gemacht. Die Produktionsmengen sind enorm und konzentrieren sich auf den weißen Soave und die roten Valpolicella und Bardolino. Man findet hier aber durchaus gute Weine, sie stammen aus hügeligeren Teilen der drei Appellationen und tragen den Zusatz *Classico*.

TOSKANA

Früher umfasste die Bezeichnung Chianti Rot- und Weißweine, heute nur noch rote.

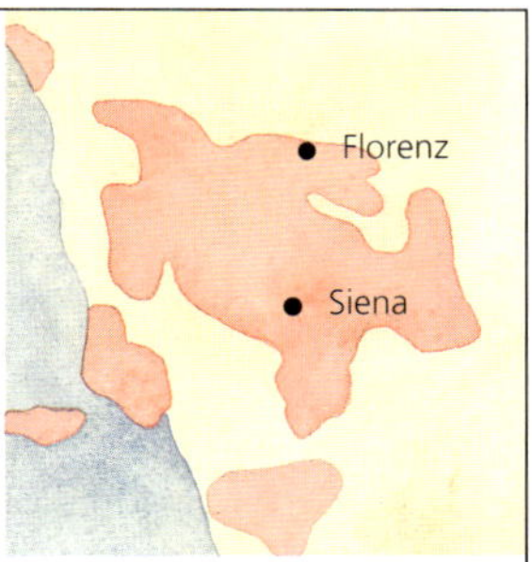

Die grüne Hügellandschaft der Toskana mit ihren Reben, Oliven- und Pinienbäumen entwickelte sich zum Innovationszentrum für italienischen Wein. Weltweit bekannt und bereits seit dem 13. Jahrhundert berühmt ist der Weißwein Vernaccia di San Gimignano. Viel interessanter sind die Roten. Früher machte man Chianti traditionell aus Sangiovese, bis die Weinmacher begannen, auch Cabernet und Merlot zu verwenden. Die so erzeugten exzellenten *Super-Toskaner* gefielen den Aufsichtsbehörden nicht und wurden als *Vino da tavola* „deklassifiziert".

SIZILIEN

Außerhalb der Insel waren sizilianische Weine früher völlig unbekannt.

In Sizilien, der Heimat des rauchig-pappigen Marsala, tut sich was. Trotz gnadenlos heißer Sommer gelingen heute saftige Rot- und frische Weißweine. Man versucht die kühleren Bedingungen des Nordens auf die Insel zu übertragen und setzt dabei auf Kaltgärung und höher gelegene Weinberge. Sizilien hat ganz eigenständige Rebsorten. Aus Nero d'Avola entstehen intensiv kräuterwürzige, langlebige Rotweine. Von der kleinen Insel Pantelleria vor der tunesischen Küste kommen honigsüße Passito-Weine aus Moscato-Trauben.

Deutschland

„Deutscher Wein – einzig unter den Weinen", dieser Werbeslogan erfasst Höhen und ungewollt auch Tiefen der Weinqualität in Deutschland. Riesling-Weine vom Rhein und der Mosel, speziell die edelsüßen Varianten, waren schon in vergangenen Jahrhunderten weltberühmt und oft teurer als mancher Bordeaux. Auch heute ist der deutsche Wein weltweit „einzig", denn das Ausland kennt ihn häufig nur noch als Liebfrau(en)milch, als nichts sagenden, süßlichen Weißwein. Der Anteil von Liebfrauenmilch am Weinexport in angelsächsische Länder beträgt über 50 Prozent!

Dabei hat deutscher Wein durchaus viel mehr zu bieten: Die Winzer setzen mehr denn je auf Qualität, und noch immer kommen die edelsten Rieslinge aus Deutschland. Die Rebsorte liefert Weine ganz unterschiedlicher Stilrichtungen. Mal sind sie stahlig, trocken mit Aromen von Äpfeln und Aprikosen, mal üppig mit Honigtönen. Dann schmeckt man Ananas, Pfirsich und Mangofrucht heraus. Trocken oder halbtrocken ausgebaute Rieslinge passen hervorragend zu verschiedensten Gerichten. Der relativ niedrige Alkoholgehalt macht sie zu einem leichten Sommerwein.

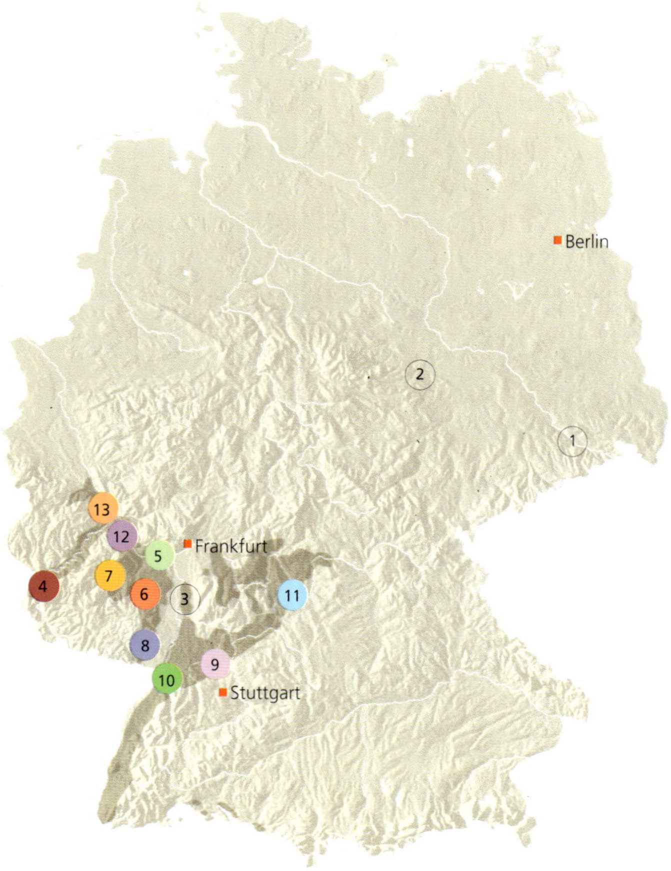

Anbaugebiete

1 Sachsen
2 Saale-Unstrut
3 Hessische Bergstraße
4 Mosel-Saar-Ruwer
5 Rheingau
6 Rheinhessen
7 Nahe
8 Pfalz
9 Württemberg
10 Baden
11 Franken
12 Mittelrhein
13 Ahr

oben Wie hier im Saartal liegt der Weinbau oft in Händen traditionsbewusster Familien oder Stiftungen.

Rebsorten

Riesling ist seit einigen Jahren wieder die führende Rebsorte in Deutschland. Lange Zeit hielt Müller-Thurgau, eine vor allem ertragreiche und nur selten aufregende Kreuzung aus Riesling und Silvaner, diesen Platz besetzt. Silvaner, Weiß- und Grauburgunder (Ruländer) sowie die Neuzüchtungen Kerner, Scheurebe und Bacchus sind weitere, häufig anzutreffende weiße Sorten. Auch in Deutschland liegen Rotweine im Trend, und so rangiert der Spätburgunder (Pinot Noir) in der Rebstatistik inzwischen an dritter Stelle. Dornfelder und Portugieser sind nicht ganz so edle rote Sorten. Gekonnt vinifizierte und im Barrique ausgebaute Dornfelder können aber angenehm überraschen. Neben diesen gängigen Reben gibt es weitere Sorten von eher lokaler Bedeutung, wie etwa Trollinger.

Anbaugebiete

Aus dem Gebiet Mosel-Saar-Ruwer kommen weltberühmte Rieslinge, die besten von den Steillagen mit Schieferböden. Ebenfalls hervorragend sind die trockenen Rieslinge von den sonnendurchfluteten Südhängen des Rheingaus. Die Pfalz zeichnet sich durch besondere Dynamik aus. Rheinhessen, das größte Anbaugebiet, produziert Masse – aber auch Klasse. In Württemberg baut man relativ viel Rotwein an. Baden profitiert von seiner günstigen südlichen Lage. Die charakteristisch erdigen Weine aus Franken werden oft in einer besonderen Flasche, dem Bocksbeutel, abgefüllt. Die verbleibenden, kleineren Anbaugebiete sind Ahr, Mittelrhein, Nahe, Hessische Bergstraße und in den neuen Bundesländern Sachsen und Saale-Unstrut. Saale ist nicht nur das zweitkleinste Weinbaugebiet Deutschlands, es ist zugleich auch das nördlichste.

Qualitäten

Das deutsche System zur qualitativen Einteilung der Weine kennt einige Besonderheiten (*Prädikatsweine*). Wie in allen anderen EU-Weinländern gilt aber auch hier die grundlegende Unterscheidung von Tafel- und Qualitätsweinen.

Zur Kategorie Tafelwein zählen:

- *Deutscher Tafelwein*, niedrigste Kategorie mit geringem Marktanteil. Fehlt der Zusatz *Deutscher*, kann dieser Wein mit Weinen anderer EU-Länder verschnitten sein.
- *Landwein*, gehobener Tafelwein mit gebietstypischem Geschmack aus zugelassenen Gebieten.

Die Kategorie Qualitätswein umfasst:

- *Qualitätswein bestimmter Anbaugebiete* (QbA). Qualitätsweine müssen aus einem

oben Über 70 Prozent der deutschen Weinberge sind mit weißen Rebsorten bepflanzt. Allein Riesling und Müller-Thurgau haben daran einen Anteil von fast 40 Prozent.

der 13 deutschen Anbaugebiete stammen. Die deutsche QbA-Stufe entspricht der französischen AOC-Kategorie.

- *Qualitätswein mit Prädikat* (QmP). Bei Erfüllung bestimmter Anforderungen können deutsche Qualitätsweine zusätzlich mit einem von sechs Prädikaten (siehe unten) ausgezeichnet werden. Die Prädikatsstufen geben Auskunft über den Reifegrad der Trauben.

In aufsteigender Folge lauten die Prädikatsstufen:

- *Kabinett*, aus reifen Trauben, leicht im Alkoholgehalt.
- *Spätlese*, aus voll ausgereiften Trauben, oft mit Restsüße, aber auch trocken vinifiziert.
- *Auslese*, nur aus vollreifen Trauben, unreife Trauben werden ausgesondert.
- *Beerenauslese*, aus überreifen bis edelfaulen Beeren.
- *Trockenbeerenauslese*, aus rosinenartig eingeschrumpften, edelfaulen Beeren.
- *Eiswein*: Die Trauben werden in gefrorenem Zustand gelesen und gekeltert.

In Anlehnung an die *Cru*-Klassifizierung in Frankreich sollen künftig besonders hochwertige Lagen und ihre Weine als so genannte *Erste Gewächse* ausgewiesen werden.

links Durch die Edelfäule verlieren die Beeren Wasser. Der Zuckergehalt steigt entsprechend.

Wie das Elsass liegt die Pfalz im Schutz von Bergrücken, das Klima ist warm und trocken, die Böden sind sehr fruchtbar.

PFALZ

Die Pfalz, zweitgrößtes deutsches Anbaugebiet, grenzt im Norden an Rheinhessen und im Süden und Westen an Frankreich. Der bis zu 630 Meter hoch gelegene Pfälzer Wald lockt viele Besucher an. An seiner Ostflanke ziehen sich die Weinberge über 80 Kilometer am linken Rheinufer entlang.

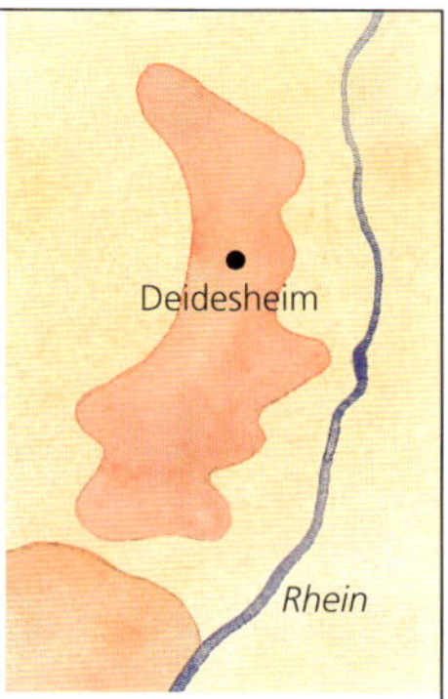

Bei den klassischen weißen Rebsorten glänzt der Riesling, verstärkt werden Rotweine erzeugt. Im nördlichen Teil trifft man auf viele Traditionshäuser, im Süden machen junge, dynamische Winzer auf sich aufmerksam.

Mosel-Saar-Ruwer-Weine haben eine säurebetonte Frucht.

MOSEL-SAAR-RUWER

Eine klassische Weißweinregion mit Weinen, die leichter und frischer sind als die meisten anderen. Die Mosel-Saar-Ruwer-Weine sind meist von blasser Farbe, besonders aromatisch und mit pikanter Säure. Die Weinberge liegen an der Mosel und ihren Nebenflüssen Saar und Ruwer. An den Steilhängen befinden sich einige der berühmtesten deutschen Weinberglagen. Weltbekannt sind die Orte Bernkastel, Piesport, Zeltingen und Erden.

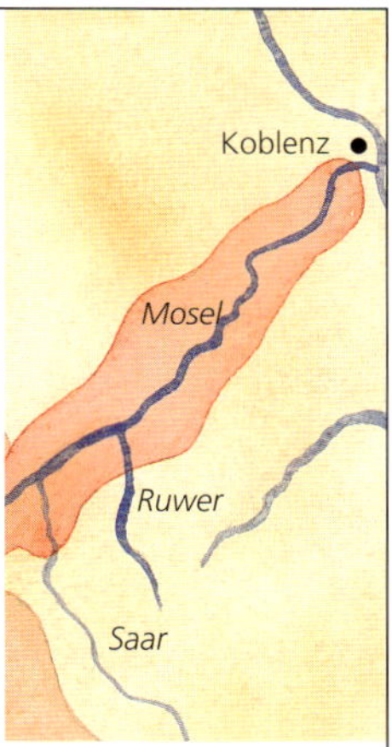

Aus dem Rheingau kommen die vielleicht berühmtesten deutschen Weine.

RHEINGAU

Hier erzeugen Weingüter mit klangvollen Namen noble Riesling-Weine.

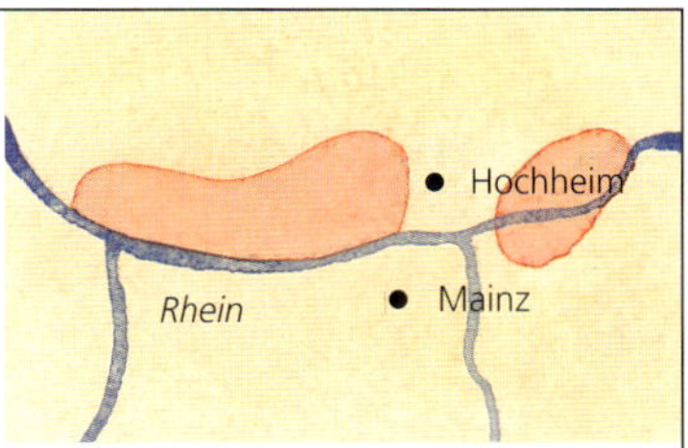

Im Bemühen, sich von der auch im Rheingau anzutreffenden Massenware abzuheben, werden besonders hochwertige Lagen als *Erstes Gewächs* eingestuft. Für sie gelten verschärfte Qualitätsansprüche. Es sind ausschließlich die beiden Rebsorten Riesling und Spätburgunder zulässig, die entweder trocken oder edelsüß in verschiedenen Varianten ausgebaut werden können. Der Rheingau erstreckt sich von Hochheim bis Lorch, wo das Anbaugebiet Mittelrhein beginnt.

Österreich

Die Österreicher erzeugen nicht sehr viel Wein, gerade 0,9 Prozent der Weltproduktion. Der größte Teil wird zudem im Land selbst konsumiert, nur wenig wird exportiert, wobei Deutschland zu den wichtigsten Exportmärkten zählt. In Österreich finden sich auch einige Spitzengewächse, die Weltklasse haben.

Rebsorten

Der Grüne Veltliner ist die typische weiße österreichische Rebsorte, er wird auch am häufigsten angebaut. Die Österreicher produzieren aus dieser Sorte sowohl spritzige Zechweine als auch anspruchsvolle Gaumenschmeichler. Als einheimische rote Sorten sind Zweigelt und Blaufränkisch von oft beachtlicher Qualität.

Anbaugebiete

1 Burgenland
2 Niederösterreich
3 Steiermark
4 Wien

Anbaugebiete

Die vier Weinbauregionen sind Niederösterreich als größtes Gebiet im Norden, das an Ungarn angrenzende Burgenland im Osten, die Steiermark mit frischen, leichten Weinen und Wien mit seinem Umland.

Österreich ist berühmt für seine edelsüßen Weine. Die besten kommen vom Neusiedler See im Burgenland. Das spezielle Seeklima begünstigt die Entwicklung der Edelfäule in den Weinbergen, die in unmittelbarer Ufernähe liegen. Fast in jedem Jahr sorgen die vom Wasser aufsteigenden Dunstschleier für den erwünschten Botrytisbefall – sehr zur Freude der Winzer und deren Hausbanken. Die Rebsorte Bouvier ist besonders anfällig, während der dickschalige Traminer sehr schwer befallen wird. Die Böden variieren von schwerem Löss bis zu leichtem Sand und Kies. Und obwohl es hier wärmer ist als im übrigen Österreich, friert der See im Winter meist zu. Die in Seenähe gelegene Stadt Rust wurde durch

oben Auf Terrassen hoch über der Donau gedeihen in der Wachau Riesling und Grüner Veltliner.

den edelsüßen Weinstil des „Ruster Ausbruchs" berühmt.

Zunehmend gewinnen heute die trockenen Weine der Region an Bedeutung. Die Weißen sind gut, noch besser sind die Roten aus Blaufränkisch, Zweigelt und Sankt Laurent. Die geschmacklich zwischen Pinot Noir und Syrah liegenden Weine aus der eigenwilligen Rebsorte Sankt Laurent ernten höchstes Lob von vielen Weinexperten.

Die besten trockenen österreichischen Weißweine kommen aus der Wachau, einem idealen Terroir für Riesling und Grünen Veltliner. In dem engen, malerischen Donautal zwischen Melk und Krems wachsen Rieslinge, die mit denen von der Mosel-Saar-Ruwer-Region konkurrieren können. Die Reben wachsen an sonnenverwöhnten terrassierten Hängen auf Gneis, Granit und Glimmerschiefer. Auf der Fahrt von Dürnstein nach Weißenkirchen passiert man die besten Lagen. Das 33 Kilometer lange Tal zerfällt in zwei Klimazonen: Im Westen herrscht gemäßigtes atlantisches Klima, der Osten ist geprägt durch die Warmluft aus der pannonischen Tiefebene. Große Differenzen zwischen Tages- und Nachttemperatur verleihen den Weinen einen exotischen Charakter. Zu 90 Prozent handelt es sich dabei um Weißweine. Rotweine spielen hier nur eine untergeordnete Rolle. Ein Wachauer Riesling quillt über vor reifen Aromen, die nach Pfirsich, Aprikose und Zitrusfrüchten duften, seine Säure sichert ein gutes Alterungspotenzial. Flächenmäßig dominiert der Grüne Veltliner, der hier und auf den Lössböden des benachbarten Kamptals hervorragend gedeiht.

Qualitäten

Die Wachau hat ein eigenes Klassifikationssystem: Steinfeder heißen angenehm leichte Weißweine, Federspiel entspricht einem guten Kabinett, und die Bezeichnung Smaragd ist spät gelesenen Weinen aus besten Lagen und Jahrgängen vorbehalten.

Die innovativen Winzer des Kamptals orientieren sich mit einer *Cru*-Klassifizierung der Lagen am französischen Vorbild. Die unangefochtene Spitzenposition gebührt dabei dem Riesling und Grünen Veltliner aus der weltbekannten Lage Zöbinger Heiligenstein.

unten In Österreich werden einige der besten Weine der Welt gemacht.

Osteuropa

Osteuropa kann dem Weinfreund weit mehr bieten als nur billige, unkomplizierte Alltagsweine. Aus Ungarn kommt beispielsweise einer der besten Süßweine der Welt, der Tokajer.

Ungarn

Die Furmint- und Hárslevelü-Trauben für den Tokajer wachsen im Nordosten des Landes auf Vulkanböden. Man wartet bis die Trauben im feuchtwarmen Herbstwetter von Edelfäule befallen werden. Der Wein wird dann in einem speziellen Verfahren erzeugt. Nach der Lese werden die Trauben zu *aszú* zermahlen und mit *szamorodni*, vergorenem Wein aus früher gelesenen Trauben, vermischt. Die Anzahl der *puttonyos* (Butten), die der *aszú*-Masse zugegeben wird, bestimmt die Süße und Qualität des Tokajer-Weins. Drei Butten ergeben mittelsüße, sechs Butten sehr süße Varianten, aber immer mit dem typischen Geschmack von Aprikosen, Honig und Marmelade. Der besonders süße, legendäre *Aszú Eszencia* wird nur in außergewöhnlichen Jahrgängen aus dem ohne mechanische Pressung frei ablaufenden Traubensaft (Vorlauf) gewonnen.

Ungarn produziert aus Furmint und Hárslevelü auch ansprechende, kräftige weiße Tischweine, wobei die Hárslevelü-Weine sehr aromatisch sind.

Weitere wichtige Anbaugebiete liegen im Großen Tiefland (Zentrum und Süden Ungarns), am Balaton (Plattensee), in der an Kroatien angrenzenden Region Villány,

rechts Gebiete mit intensivem Weinbau sind dunkel gefärbt.

der Gegend um Eger und in den Ausläufern des Mátragebirges.

Ungarn produziert überwiegend Weißweine aus zahlreichen einheimischen Rebsorten, zu denen aber jetzt vermehrt internationale Sorten wie Chardonnay und Sauvignon Blanc kommen. Auch die Neuzüchtungen Irsai Oliver und Cserszegi Füszeres gewinnen dank ihrer aromatischen, würzigen Fruchtigkeit an Boden. Die typische rote Traubensorte ist der Kadarka.

Die Böden in den Anbaugebieten variieren: Im Großen Tiefland dominiert Sand, am Balaton überwiegt vulkanischer Basalt mit Lehm, Sandstein sowie Löss und im Tokaj-Gebiet vulkanisches Grundgestein mit verwitterter Lavaschicht.

Im vergangenen Jahrzehnt hat sich die ungarische Weinindustrie grundlegend verändert. Bis in die frühen 1990er Jahre stand sie unter staatlicher Regie, dann bot der Staat seine Güter und Kellereien bevorzugt ausländischen Investoren zum Kauf an. 1990 wurden auch die alten Weingesetze durch strengere Richtlinien ersetzt. Zusammen mit dem massiven Kapitalzufluss, besonders im Tokaj-Gebiet, wurden enorme Qualitätssteigerungen im Weinbau und in der Weinbereitung möglich.

oben Befreit von zentralstaatlicher Bevormundung, finden die Weine aus Badacsony am Plattensee inzwischen wieder zu alter Größe und Güte zurück.

rechts In den ungarischen Weinbergen wachsen Trauben mit zungenbrecherischen Namen, aber köstlichem Geschmack.

Bulgarien

Bulgarien ist schon etwas weiter als Ungarn und exportiert 90 Prozent seiner Weinproduktion. Bereits in den 1980er Jahren setzte man auf gängige Traubensorten wie Cabernet Sauvignon. Die billigen, aber zuverlässigen Alltagsweine erobern die Supermarktregale und sind ein wichtiger Devisenbringer für das Land.

oben In den riesigen Weinbergen Ostbulgariens wachsen nur weiße Trauben.

unten Bulgarien hat nach dem Krieg eine erfolgreiche Weinindustrie aufgebaut.

Stolz beansprucht man, die Geburtsstätte der Weinherstellung zu sein – und immerhin hat der Weinbau hier eine mehr als 3000-jährige Tradition. Das Land ist nicht sehr groß, von der Westgrenze bis zum Schwarzen Meer misst es 400 Kilometer, von Rumänien im Norden bis zu den südlichen Nachbarn Griechenland und Türkei sind es lediglich 320 Kilometer. Böden und Klima schaffen ideale Bedingungen und so gibt es im ganzen Land Weinberge.

Der Zusammenbruch des kommunistischen Regimes 1989 brachte Jahre der Wirren und Unsicherheiten für die bulgarische Weinindustrie. Der schleppende Privatisierungsprozess ist ein bürokratischer Albtraum und eine Gefahr, denn noch immer werden zahlreiche Rebflächen vernachlässigt.

Neue Weingesetze definieren fünf Anbauregionen: das Donautal im Norden, die Schwarzmeerregion im Osten, das Strumatal im Südwesten und das Flusstal Marica und Stara Planina im Süden.

In den bulgarischen Weinbergen dominieren internationale Rebsorten wie Cabernet Sauvignon, Merlot und etwas Pinot Noir. Wenn man die Massenware für den Binnenmarkt mitrechnet, überwiegen aber die Weißen mit der georgischen Traubensorte Rkatziteli, aber auch Chardonnay und andere internationale Rebsorten. Bei der Klassifizierung der Weine orientiert man sich an Frankreich. Landweine entsprechen den *Vins de pays*, sortentypische Weine mit Herkunftsbezeichnung den französischen VDQS-Weinen. Länger gelagerte Weine (mindestens zwei Jahre bei Weißen, drei bei Roten) können als *Kolektzione* (Reserve) gekennzeichnet werden. Die Bezeichnung *Controliran*, analog der französischen AOC-Stufe, erhalten nur Weine aus bestimmten Rebsorten und Lagen.

Rumänien

Unter den osteuropäischen Ländern hat Rumänien die größte Anbaufläche, sie entspricht fast der Portugals. Der Exportanteil ist aber eher klein – zu lange hatte man sich auf den Export eher altmodischer Weine in die ehemalige UdSSR konzentriert. Die besten Anbaugebiete sind Dealul Mare (für Rote) im Vorland der Karpaten, im Nordosten Tirnave in Transsilvanien, Murfatlar nahe des Schwarzen Meers sowie die älteste und berühmteste Weinregion Cotnari im Norden. Die süßen Cotnari-Weine waren einst fast so begehrt wie Tokajer, heute sind die Rumänen besonders stolz auf ihren Cabernet Sauvignon.

Am häufigsten werden in Rumänien die Rebsorten Feteasca Alba und Feteasca Regala angebaut, aus denen parfümierte Weißweine unterschiedlicher Süße und Qualität gekeltert werden. Im Allgemeinen sind die Weißen besser als die Roten.

unten Inmitten der riesigen Weinberge im Vorland der rumänischen Karpaten liegt eine der typisch osteuropäischen Kirchen.

Naher Osten & Nordafrika

Gerichte aus den Küchen des Nahen Ostens und Nordafrikas liegen bei Spezialitätenrestaurants und Kochbüchern im Trend. Die Weine aus diesen Ländern sollen hier kurz als interessante Alternative zu Bekanntem vorgestellt werden.

Israel

Für den Weinanbau sind fünf Regionen ausgewiesen: Galiläa mit den Golan-Höhen im Norden, Samaria, Samson, die judäischen Berge und der Negev. Die meisten Weinberge sind im Besitz von Genossenschaften, es gibt nur wenige in privater Hand. Die interessantesten Weine kommen heute von den Golan-Höhen, wo in über 1 000 Meter Höhe mit modernsten Methoden rote und weiße Trauben kultiviert werden. Die Weinindustrie lebt von dem Export koscherer Weine an jüdische Gemeinden in der ganzen Welt, aber nicht alle israelischen Weine sind koscher produziert.

unten Weinlese im Bekaa-Tal, dem Hauptanbaugebiet des Libanon.

Libanon

Bei libanesischem Wein fällt einem sofort Château Musar ein. Der legendäre Weinmacher Serge Hochar ist der Vater dieses eigenwilligen, langsam reifenden würzigen Rotweins aus den Rebsorten Cabernet Sauvignon, Syrah und Cinsault. Die Trauben für diesen erstaunlichen Wein von Weltklasse wachsen im Bekaa-Tal, wo die meisten libanesischen Weingüter, wie etwa Château Kefraya, beheimatet sind. Die Höhenlage schützt vor der mediterranen Gluthitze, Bergrücken sorgen für kühle Nächte und ausreichend Regen. Künstliche Bewässerung wird nur wenig eingesetzt. Die meisten Reben wachsen in Buschform, doch die Erziehung an Drähten nimmt zu.

oben Wie in alten Zeiten zieht ein Pferd den Pflug in einem tunesischen Weinberg.

Algerien

Die nordafrikanische Küche erfreut sich auch hier allmählich größerer Beliebtheit, und so sollte man auch den Weinen der Region etwas Aufmerksamkeit widmen. Beginnen wir mit Algerien. In unseren Supermarktregalen sind algerische Weine kaum zu finden. Dabei gab es in Algerien früher ebenso viel Rebfläche wie in Deutschland. Französische Produzenten benutzten die farbintensiven algerischen Weine gerne zum Verschneiden mit eher mageren einheimischen Jahrgängen. Strenge EU-Vorschriften und die Bekämpfung des Alkohols durch islamistische Regierungen brachten Rückschläge, doch hat die Produktion wieder zugenommen und aus den sieben Qualitätsanbaugebieten (*Appellation d'origine garantie* – AOG) kommen gute Alltagsweine. Auch Edelreben wie Cabernet Sauvignon, Merlot und etwas Chardonnay werden angepflanzt.

Tunesien

In besseren Tagen, vor der Verschärfung der EU-Weingesetze, produzierte Tunesien genauso viel Wein wie Algerien. Die wichtigsten Weinregionen sind Nabeul, Cap Bon, Bizerte, Ben Arous und Zaghouan. Bei den Rebsorten dominieren Carignan, Grenache und Cinsault, auch Cabernet Sauvignon und Syrah stehen in einigen Weinbergen. Es werden hauptsächlich körperreiche Rote und leichte Rosés produziert. Ausländische Investoren zeigen noch kein größeres Interesse.

Marokko

Nach französischem Vorbild schuf Marokko ein eigenes System der *Appellation d'origine garantie* (AOG). Das bedeutet noch keine automatische Qualitätsgarantie, doch die EU hat einige Weinbauregionen anerkannt: Berkane und Angad im Osten, außerdem Meknès-Fès, Gharb, Rabat und Casablanca. Das 600 Meter hoch gelegene Meknès-Fès genießt den besten Ruf.

Ähnlich wie Algerien und Tunesien war auch Marokko früher ein Massenproduzent, doch nach der Unabhängigkeit 1956 verloren die Weingüter ihre Bedeutung. Der Staat übernahm die Weinberge und setzte die Preise für die Trauben unabhängig von der Qualität fest. Langsam lockert er jetzt seinen Zugriff, und private Investitionen fließen in die veralteten Weinberge und Kellereien. Die Entwicklung bleibt zu beobachten.

Südafrika

Die Weinindustrie Südafrikas befindet sich in einem grundlegenden Wandlungsprozess. Noch sind große Flächen mit Chenin (Steen) bestockt und die heimische Pinotage wird, wohl mit wenigen Ausnahmen, nie richtig großartig werden. Doch es gibt einen Hoffungsschimmer – eine junge, für neue Ideen offene Weinmachergeneration erkundet die übrige Weinwelt und bereist den Globus.

Im Gegensatz zu anderen südafrikanischen Winzern wollen diese Weinmacher nicht einfach nur Australien oder Bordeaux imitieren. Stattdessen studieren sie in Chile und Kalifornien den Weinbau, reisen an die Loire, nach Bordeaux und Burgund und tauschen sich nach der Rückkehr untereinander aus. Sie kombinieren Ansichten der Alten mit Methoden der Neuen Welt, um Weine mit einer eigenen südafrikanischen Identität zu produzieren.

Selbstbewusst pflanzt man rote Rebsorten in traditionellen Weißweingebieten, und wohl überlegt werden neue Standorte wie Bot River ausgewählt und bestockt. Holz wird geschickter eingesetzt. Die Chardonnays sind nicht mehr die Eichenmonster von früher. Der beste Zeitpunkt für die Weinlese wird festgelegt, um Trauben mit optimaler Zuckerkonzentration und Weine mit höherem Alkoholgehalt zu erhalten.

Anbaugebiete

1 Orange River Valley
2 Constantia
3 Olifants River
4 Durbanville
5 Swartland
6 Walker Bay
7 Paarl
8 Stellenbosch
9 Worcester
10 Robertson
11 Klein Karoo

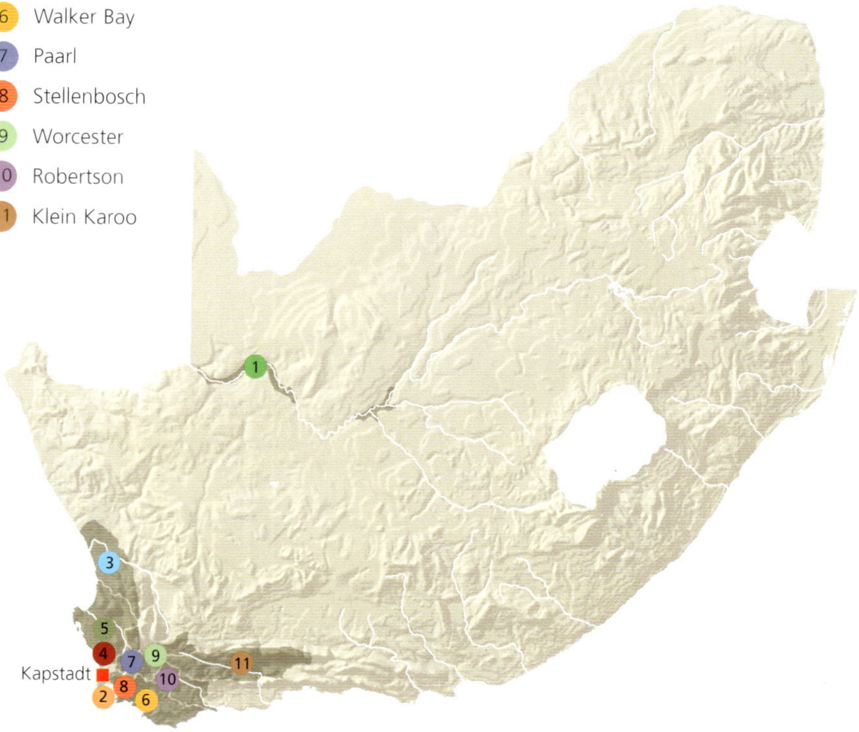

Während die anderen aufstrebenden Weinländer mit internationalen Rebsorten arbeiteten, konzentrierte man sich in Südafrika auf die heimische Traube Pinotage. Sie war 1924 in Südafrika aus Pinot Noir und Cinsault gezüchtet worden.

Doch die Pinotage erntete eher schlechte Kritiken, und nur wenige Weinproduzenten können daraus wirklich gute Weine herstellen. Die Konzentration auf Pinotage verhinderte Bemühungen mit anderen roten Traubensorten. Zwar gibt es mittlerweile einige begehrte Pinotage-Weine, doch sie haben nur einen verschwindend geringen Anteil an der Gesamtproduktion.

Südafrika ist keineswegs neu im Weingeschäft, denn bereits 1656 pflanzte man importierte Reben an. Rebkrankheiten und minderwertige Klone behinderten die Entwicklung ebenso wie die Beschränkung auf Pinotage und der internationale Boykott des Apartheid-Regimes. Der Amtsantritt Nelson Mandelas 1994 war wie für so vieles in Südafrika auch im Weinbau ein entscheidender Wendepunkt.

oben Paarl bedeutet auf Afrikaans *Perle*. Das Anbaugebiet bietet fast perfekte Bedingungen für den Weinanbau.

Rebsorten

Noch überwiegen die weißen Sorten mit einem Anteil von 75 Prozent, doch Rotweine liegen auch in Südafrika im Trend. Bis jetzt führt Chenin Blanc noch in der Sortenliste, doch immer öfter muss die Traube internationalen Reben Platz machen. Colombard, Chardonnay und Sauvignon Blanc sind die zweithäufigsten

unten Die südafrikanischen Weinbauern erproben jetzt neben der weit verbreiteten Pinotage viele andere Rebsorten.

links Südafrika betreibt seit über 300 Jahren Weinbau, doch erst in den letzten Jahren wird verstärkt exportiert.

Trauben. Mit etwas Abstand folgen Riesling, Sémillon und die Neuzugänge Gewürztraminer und Viognier.

Bis vor kurzem dominierte Pinotage bei den Roten. Gut gelungen präsentieren sich die Weine mit vollen Aromen: reife Pflaumen und Kirschen, etwas Schokolade und eine Prise Zimt im Abgang. Im schlimmsten Fall erinnern sie an Nagellackentferner. Heute ist Cabernet Sauvignon die führende Sorte, es folgen Pinotage, Cinsault, Merlot und Shiraz. Pinot Noir und Nebbiolo werden auf kleinen Flächen oft versuchsweise kultiviert.

Anbaugebiete

Das Herkunftssystem *Wine of origin* (WO) kennt über 50 deklarierte *regions, districts* und *wards*. Etwa 5000 Weinbauern bearbeiten die 100000 Hektar Rebfläche, die Trauben werden von 82 Weingütern und 70 Genossenschaften vinifiziert. Dank in- und ausländischer Investoren nimmt die Zahl der neu angelegten *wineries* (Weingüter) kontinuierlich zu.

Die meisten Weine kommen aus der Umgebung von Kapstadt. Die Hauptregion Coastal umfasst die Distrikte Paarl, Tulbagh, Durbanville, Stellenbosch, Constantia und Swartland. Weiter im Inland liegt die Region Breede River Valley mit Robertson, Swellendam und Worcester. Die wichtigsten Weindistrikte in Südafrika sind Paarl und Stellenbosch.

unten Robertson, traditionell ein Weißweingebiet, macht sich allmählich einen Namen mit seinen guten Rotweinen.

Aus Chardonnay-Trauben entstehen auf der Graham Beck Winery's Madeba Farm in Robertson großartige Weißweine.

ROBERTSON

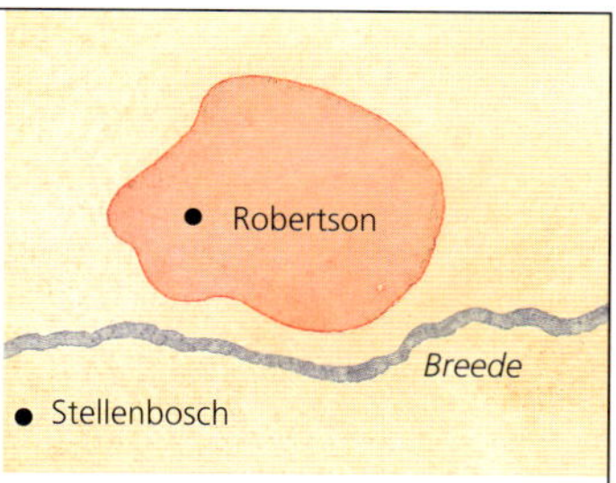

Aus Robertson kommen vorrangig Weißweine. In der heißen, trockenen, aber fruchtbaren Region reifen auf steinigen Kalkböden Trauben für mächtige Chardonnays. Die meisten Weinberge grenzen an den Breede River, doch vermehrt werden Reben in den kühleren Hanglagen angepflanzt. Die Weinbauern arbeiten eng zusammen, der Lohn sind zahlreiche Prämierungen für ihre Weine. Neben Chardonnays kommen auch gute Muscat- und Sauvignon-Blanc-Weine aus dem Gebiet. Ebenso produziert man hochwertige Rotweine.

Chardonnay aus Stellenbosch ist fast schon so berühmt wie die köstlichen Rotweine.

STELLENBOSCH

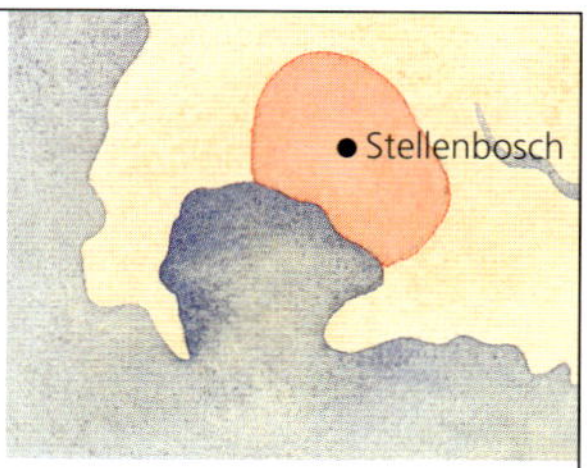

Hier liegt das Zentrum der südafrikanischen Weinindustrie. Man rühmt sich, die nobelsten Weine und die meisten Kellereien des Landes zu haben. Die ganze Region ist vom Talboden bis zu den Berghängen hinauf mit Rebflächen überzogen. Bei fast 50 verschiedenen Bodenarten und ebenso vielen Mikroklimazonen kann die Region nicht durch einen speziellen Weinstil definiert werden. Traditionell wird Stellenbosch im Zusammenhang mit seinen Rotweinen genannt und gelobt, doch es gibt auch erstaunliche Weißweine, besonders die aus Chardonnay- und Sauvignon-Blanc-Trauben.

Die Weinregion Constantia gehört zur ersten Liga, schon lange produziert man hier edle Weine.

CONSTANTIA

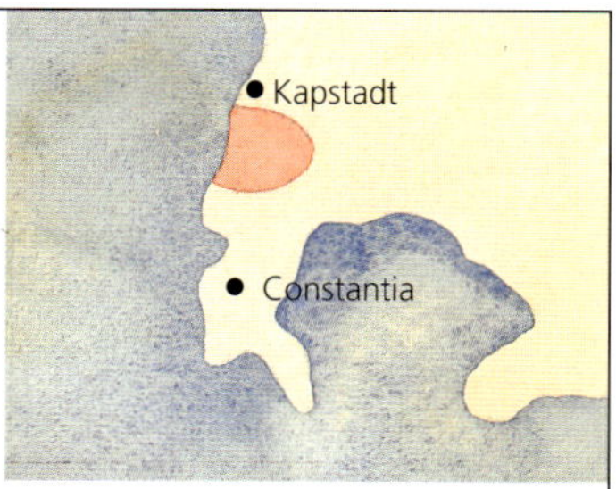

In unmittelbarer Nachbarschaft zu den vornehmen Vororten im Süden Kapstadts werden in Constantia erstklassige Sauvignon-Blanc-, Chardonnay- und Cabernet-Sauvignon-Weine erzeugt. Hier pflanzte Gouverneur Simon van der Stel 1685 die ersten Reben und produzierte daraus süße Weine. Constantia liegt auf der Südostseite der Kap-Halbinsel und ist zum Atlantischen Ozean ausgerichtet, sodass kühlende Winde von zwei Seiten wirken. Durch den so verlangsamten Reifeprozess werden die Weine konzentrierter und gewinnen an Finesse.

Australien

Viele von uns haben schon einmal eine Flasche Chardonnay aus Australien gekauft. Schließlich ist dieser Wein in Supermärkten und Weinhandlungen gut vertreten. Die Australier haben mehr als andere für die Vermarktung dieser Sorte getan. Doch irgendwann schmecken gerade die gängigen Handelsmarken seltsam gleich und langweilig. Die Geschmacksansprüche der Konsumenten steigen und die australischen Erzeuger reagieren darauf. Man pflanzt nicht mehr nur Chardonnay, sondern setzt verstärkt auf regionale Stile.

Die großen Weinhäuser bringen neue Weine heraus, die das jeweilige Terroir reflektieren. Durch weniger frische Eiche wirken sie feingliedriger und gebietstypischer. Ähnlich verhält es sich bei den Roten, wo man sich an dem weltweiten Trend zum Rotwein orientiert. Hier setzt man vermehrt auf die Starreben Shiraz und Cabernet Sauvignon.

Der Einheitsbrei ist out, Vielfalt ist angesagt – unterschiedliche Stile aus verschiedenen Regionen. Man sucht auch beim Weißwein nach Alternativen und Sémillon und Verdelho haben sich als geeignete Rebsorten erwiesen. Australien ruht sich nicht auf seinen Lorbeeren aus und ist weiter auf Erfolgskurs.

Anbaugebiete

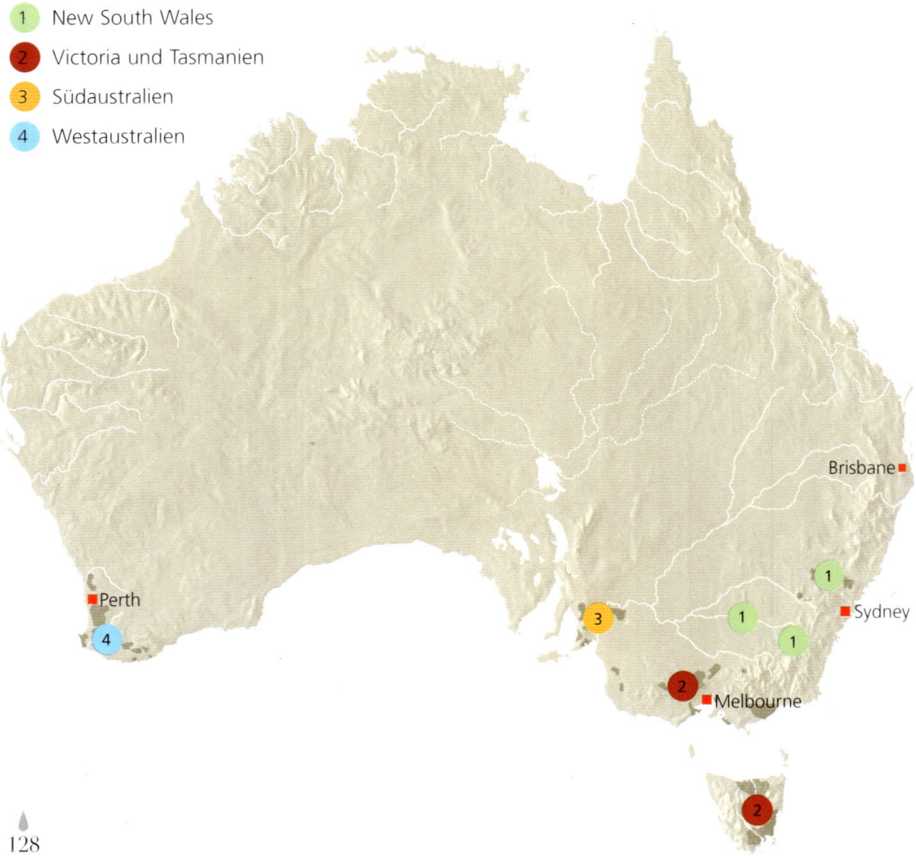

links Clare Valley gehört zu den südaustralischen Regionen, die vorrangig gebietstypische Weine produzieren.

Rebsorten

Entgegen allen Vorurteilen kann man Australien nicht nur auf Chardonnay und Shiraz reduzieren. Es werden dort über 75 verschiedene Rebsorten kultiviert, rote und weiße zu etwa gleichen Anteilen.

Die rote Sorte Shiraz, anderswo als Syrah bekannt, liefert in Australien prächtige Weine. In kühleren Anbaugebieten sind sie erdig mit Lakritz- und Lederaromen, in wärmeren weniger komplex, aber von süßer, reifer Fruchtigkeit.

Ein anderer roter Star ist Cabernet Sauvignon – sortenrein oder verschnitten mit Shiraz, Malbec, Merlot und Cabernet Franc. In kühleren Lagen ergibt die Traube eher würzige und grasige Weine, in heißen Regionen Weine mit Aromen von roten Früchten und Schokolade. Immer mehr australische Winzer besinnen sich auf die alten Rebsorten Grenache und Mourvèdre (hier Mataro genannt). Auch Pinot Noir, Sangiovese sowie Nebbiolo erfreuen sich einer zunehmenden Beliebtheit unter den Weinbauern.

Bei Weißwein führt der Chardonnay zusammen mit Sémillon. Aber Verdelho, Viognier, Sauvignon Blanc und Riesling holen auf. Und aus der Muscat-Traube können in Australien himmlische Dessertweine gewonnen werden.

Anbaugebiete

In den meisten Regionen Australiens prägt das Klima stärker als der Boden. Die Klimaunterschiede sind gewaltig: von feuchtkalt in den Adelaide Hills bis subtropisch in South Burnett. Entsprechend variieren die Weinstile zwischen vielschichtig komplexen Chardonnays vom Margaret River in Westaustralien und selbstbewussten Shiraz-Weinen aus dem McLaren Vale.

New South Wales

Das Hunter Valley ist die bekannteste Weinregion von New South Wales. Hier wurde in den 1970er Jahren der erste kommerzielle Chardonnay-Wein gemacht, heute glänzt dort die Rebsorte Sémillon – vor allem wenn sie etwas reifen konnte. Das benachbarte Mudgee erzeugt große Shiraz- und gute Cabernet-Sauvignon-Weine.

Das hoch gelegene Orange erfreut sich immer größerer Beliebtheit, ansonsten sind noch Cowra, Hilltops, Riverina und Tumbarumba (Sekt) zu nennen.

Südaustralien

Südaustralien deckt mehr als die Hälfte der Weinproduktion des Landes ab und liefert die so genannte *Bag-in-Box*-Massenware. Doch es gibt auch Spitzenweine, wie die Rieslinge und Shiraz aus dem Clare Valley.

In den Adelaide Hills erzeugt man knackige Chardonnays und Sauvignons. Barossa-Weine variieren von neutralen Weißen aus Tallagen bis zu sagenhaften Shiraz-Weinen von uralten Reben in den Hügeln.

Das Eden Valley, eine kühlere Subregion in Barossa, wetteifert mit dem Clare Valley

oben Australiens Zukunft liegt im Rotwein. Auf Trentham Estate am Murray River wird Cabernet Sauvignon umgepumpt.

um die besten Rieslinge. Das McClaren Vale bietet jedem etwas, und aus Langhorne Creek kommt die erfolgreiche Marke Jacob's Creek. Weiter südlich liegt Coonawarra, die Heimat eleganter Cabernets und erstklassiger Shiraz-Weine. Das ebenfalls kühle Padthaway im Norden produziert gefeierte Chardonnays. Kleinere Regionen sind Limestone Coast und Eyre Peninsula.

Victoria

Einst lockte das Gold die Menschen nach Victoria, heute lockt der Wein. Das Spektrum reicht von preiswerter Massenware vom Murray River bis zu den köstlichen Liqueur Muscats aus Rutherglen, das auch gehaltvolle Tischweine aus Shiraz- und Sémillon-Trauben herstellt.

Auch aus anderen Gebieten kommen Spezialitäten: Schaumweine aus Grampians, wuchtige, rustikale Rote aus den Pyrenees, langlebige Rotweine aus Bendigo und Heathcote, Marsanne-Weine aus dem Goulburn Valley.

Weitere wichtige Regionen sind Geelong, Macedon, das Yarra Valley und die Mornington Peninsula.

Westaustralien

Einige der besten Erzeuger sitzen am Margaret River, der Vorzeigeregion in Westaustralien. Rebsorten von Cabernet bis Zinfandel sind die Basis für kraftvolle, elegante Rote, und aus Chardonnay, Sauvignon und Sémillon macht man üppige Weiße.

Tasmanien

Die Landschaftsformen auf der Insel Tasmanien mit eher kühlem Klima reichen von dichten Eukalyptuswäldern bis zu Gebirgsalmen. Tasmanische Weine haben einen ganz eigenen Stil: Mit ihrer zurückhaltenden Frucht und der feinen, delikaten Struktur sind sie europäischer als die Festlandsweine. In der trockeneren und wärmeren Osthälfte wachsen die Trauben für die bekannten Klassiker. Chardonnay und Pinot Noir liegen unangefochten vorne.

Queensland

Die Rebflächen liegen hoch oben in den Hügeln des Granite Belt westlich von Brisbane. South Burnett ist ein relativ neues Weingebiet und besonders schön.

Qualitäten

Produce of Australia ist die einfachste Klassifizierung, als *South-Eastern Australia* kommen Weinverschnitte für den Massenmarkt in den Handel. Bessere Qualitäten tragen meist die Bezeichnung *State of origin* mit geographischer Herkunftsangabe (Zone, Region, Subregion).

Orange in New South Wales gilt als viel versprechende, aufstrebende Region.

ORANGE

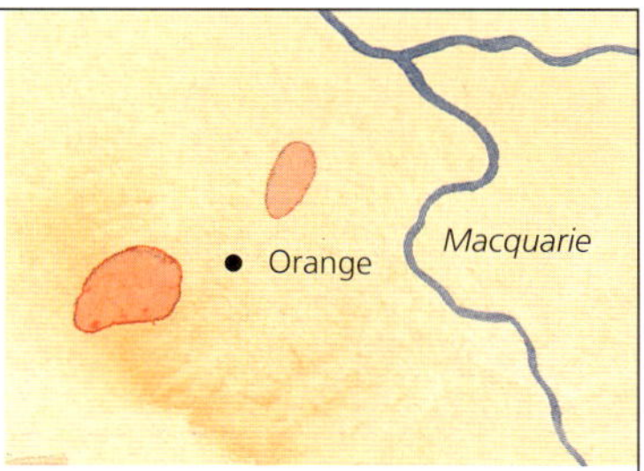

Bis vor kurzem war Orange noch ein gut gehüteter Geheimtipp, und nur wenige Winzer wussten um das Potenzial der Region. Es gibt nur ein gutes Dutzend Weingüter in der spannendsten Weinregion von New South Wales. In den bis zu 800 Meter hohen Hügeln mit ausgeprägt kontinentalem Klima entstehen rasch neue Rebflächen. Warme Tage und kühle Nächte verleihen den Weinen eine würzige Frucht, und es gelingen zum Beispiel ansprechende Sauvignon Blancs.

Aus dem Barossa Valley kommen großartige fruchtige Weißweine.

BAROSSA VALLEY

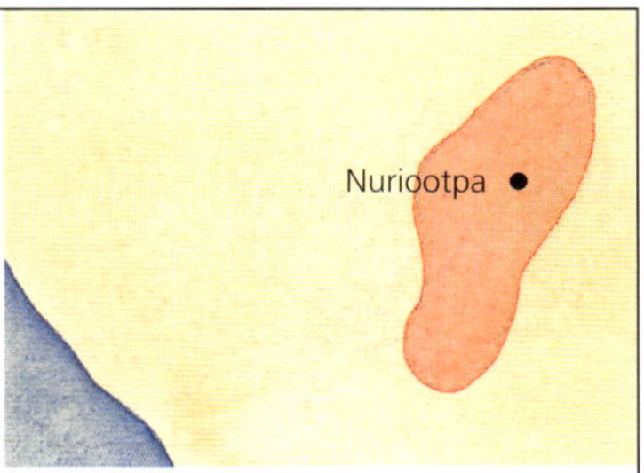

Das deutsch geprägte Barossa ist ideal für den Weinbau. Nicht zu feuchte Winter und warme, trockene Sommer schaffen die Bedingungen für eine zuverlässige Reifung der Trauben. Auf den warmen, sandigen Lehmböden am Talgrund und in den etwas kühleren Hügellagen sind fast alle Weinstile möglich. Viele der größten australischen Produzenten sind hier vertreten. Die Rotweine fallen üppig, wuchtig und konzentriert aus, die Weißen beeindrucken mit voller sonnenreifer Frucht.

Im üppig grünen Paradies von Margaret River residieren viele australische Topweingüter.

MARGARET RIVER

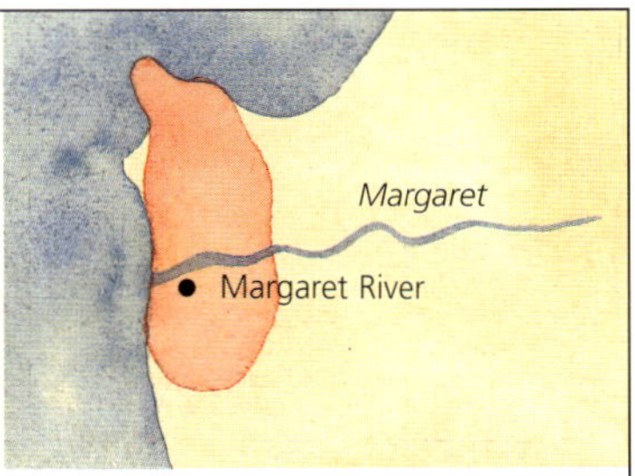

Die meisten *winemakers* der Region Margaret River gehen morgens erst einmal zum Surfen. Die Weine profitieren an diesem magischen Ort von den kühlenden Meereswinden. Überall entstehen neue Weingüter und Neupflanzungen. Entlang des Bussell Highway reihen sich die drei Hauptanbaugebiete auf. Südöstlich liegt Willyabrup mit Blick über die Geographe Bay. Neue Weinberge wurden im warmen Jindong im Norden und dem kühleren Karridale im Süden angelegt.

Neuseeland

Neuseeland zählt zu den kleinsten Wein produzierenden Ländern der Welt, aber seine Weinindustrie wächst unglaublich schnell. Es ist nicht die schiere Größe, die zählt, man erzeugt gerade ein Prozent der Weltproduktion, doch Jahr für Jahr entstehen etwa 20 neue Weingüter. Die Ursache liegt zum einen in der enormen Nachfrage auf dem heimischen Markt. Fast jedes Jahr verdoppelt sich der Weinkonsum der Neuseeländer. Zum anderen hat es das Land geschafft, mit Weinen wie seinen bekannten Sauvignon Blancs in nur 20 Jahren in die erste Liga der Topproduzenten vorzudringen. Die Exporte steigen ständig. Neuseeländische Weine erzielen heute teilweise den höchsten Flaschenpreis.

Rebsorten

Chardonnay und Sauvignon Blanc dominieren in Neuseeland bei den Anpflanzungen, Cabernet Sauvignon und Pinot Noir – vor allem für Schaumweine – fallen etwas zurück. Im Kommen sind auch Pinot Gris, Merlot und Riesling.

Anbaugebiete

In beiden Landesteilen – auf der Nord- und Südinsel – herrscht ein kühles Meeresklima, wobei es auf der Nordinsel wärmer ist als auf der Südinsel. Die Weine aus dem Norden fallen reifer, voller und etwas weicher im Stil aus als die von der Südinsel. In der Hügellandschaft von Northland-Matakana wachsen große Rotweine, aus Waiheke Island bei Auckland kommen Weine, die im Bordeaux-Stil verschnitten werden. Ebenfalls im Norden liegen Waikato und Bay of Plenty, das bekannt ist für seine Spezialität, den edelsüßen Riesling. Gisborne hat das Image als *Bag-in-Box*-Lieferant überwunden, es erzeugt nun gute Weißweine und trinkbare Rotweine. Hawke's Bay bietet das ideale Klima für Bordeaux-Blends und Spitzen-Chardonnays, während Wellington mit Pinot Noirs überrascht. Canterbury und Central Otago mit ihren erfolgreichen Pinot Noirs runden das Bild ab.

Anbaugebiete

1 Northland
2 Auckland
3 Waikato
4 Bay of Plenty
5 Poverty Bay
6 Hawke's Bay
7 Wellington
8 Nelson
9 Marlborough
10 Canterbury

Hawke's Bay, eine der ältesten Weinregionen Neuseelands, ist auch heute noch eine führende Größe im Weinbau dank ihrer fortschrittlichen Methoden.

HAWKE'S BAY

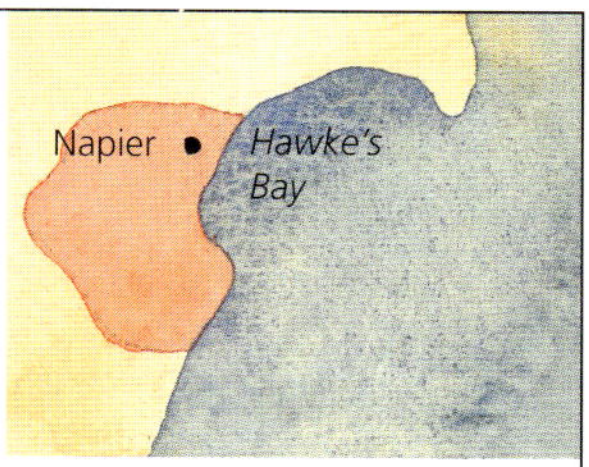

Ursprünglich kultivierte man Wein auf dem Schwemmland der Heretaunga Plain. Doch die fruchtbaren Böden förderten ein überstarkes Wachstum, sodass viele ihre Weinberge ins Landesinnere verlegten. Dort auf den Ausläufern des Kalkgebirges entwickeln die Trauben eine bessere Reife und Balance. Die Region genießt noch immer einen guten Ruf für ihre Rotweine im Bordeaux-Stil. Auch die üppig vollmundigen Chardonnays mit einer angenehmen Spur Grapefruitsäure im Abgang sind begehrt. Hawke's Bay dehnt sich rasch aus, und es wurden bereits einige Unterregionen für Premiumweine ausgewiesen.

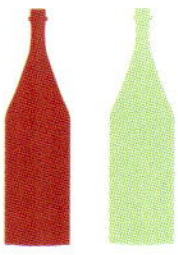

Von hier kommen erstklassige Sauvigon-Blanc-Weine.

MARLBOROUGH

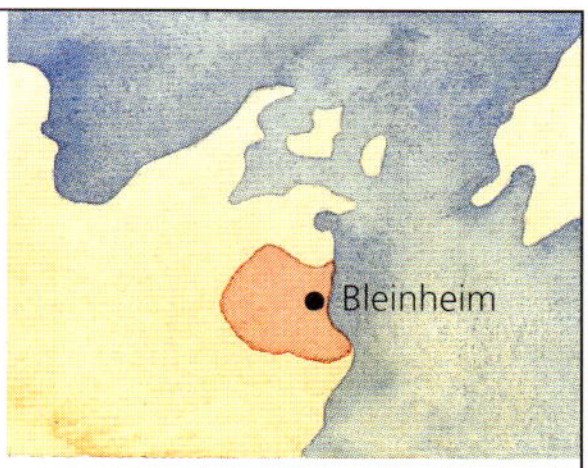

Sauvignon Blanc aus Marlborough ist bei uns der bekannteste Wein aus Neuseeland. Die Region ist berühmt für diesen Wein mit dem charakteristischen Aroma von pikanter Stachelbeere, Paprika, frisch geschnittenem Gras und einem unnachahmlichen Mineralton, abgerundet durch einen Hauch Limone. Seinen Erfolg verdankt er mehreren Faktoren: Lehmböden, die auf einer mächtigen Kiesschicht abgelagert sind, gestaffelten Lesedurchgängen, sorgfältig ausgewählten Klonen, einer intensiven Grünlese und einer winzigen Beigabe von Sémillon. Die Cloudy Bay Vineyards setzen Maßstäbe.

Sauvignon Blanc, Pinot Noir, Chardonnay und Pinot Gris wachsen in dieser südlichsten Weinregion der Erde.

CENTRAL OTAGO

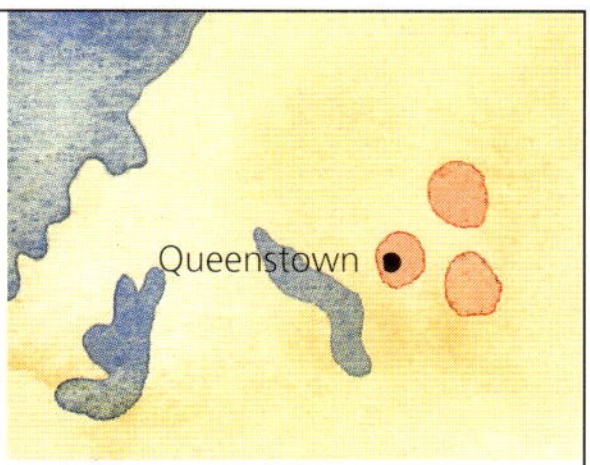

Central Otago gebührt der Titel der Region mit dem dynamischsten Wachstum. Früher hatte man Weinbau dort für unmöglich gehalten, heute befinden sich hier die südlichsten Weinberge und das südlichste Weingut der Erde, das Black Ridge Vineyard. Das für Neuseeland einzigartige kontinentale Klima mit Frostgefahr erfordert entsprechend angepasste Weinbauverfahren. Die Jahrgänge fallen sehr unterschiedlich aus. Die Rebsorten Chardonnay, Pinot Gris und Riesling bewähren sich gut, doch die Weine aus der Pinot-Noir-Traube erfahren die größte Beachtung.

Südamerika

Was saftige, fruchtige und preiswerte Weine angeht, schlägt Südamerika alle anderen. Chile und Argentinien zeigen den Weg, und andere südamerikanische Länder wie Brasilien, Bolivien, Kolumbien und selbst Kuba schließen sich an.

Argentinien

Beginnen wir mit dem größten Weinproduzenten Südamerikas, mit Argentinien, das in der Weltproduktion an fünfter Stelle steht. Ausländische Kapitalgeber überfluten das Land und treten sich gegenseitig auf die Füße bei der Suche nach günstigen Investitionsmöglichkeiten.

Erstklassiges Rebland steht im Überfluss zur Verfügung – ein Paradies für Winzer.

Die größte Anbaufläche liegt westlich von Buenos Aires bei Mendoza. Der Rest verteilt sich auf die nördlich gelegenen Gebiete San Juan, La Rioja und Salta sowie kleinere Rebflächen in Patagonien am Rio Negro. Von den über 1 000 argentinischen Weingütern sind 600 in Mendoza ansässig.

Mit den europäischen Einwanderern kam Ende des 19. Jahrhunderts auch der

Wein nach Argentinien. Auf den riesigen Flächen zäunten die Neuankömmlinge Weideland ein und bauten die mitgebrachten Rebsorten Barbera, Sangiovese, Bonarda, Torrontés, Tempranillo und Malbec an. Der Weinkonsum lag damals bei mehr als 100 Litern pro Kopf. Heute liegt er bei 42 Litern, denn mit Coca-Cola und Bier sind ernste Konkurrenten entstanden.

Dafür konnten Nordamerika und Europa als neue Absatzmärkte dazugewonnen werden. Zunächst lieferte Argentinien billige und süffige Weine für Supermärkte, inzwischen bemüht man sich um bessere Qualitäten. Vor kurzem wurde eine Anzahl von Weinen der Premiumklasse vorgestellt.

Die Stadt Mendoza liegt 700 Meter über dem Meeresspiegel, doch die Weinberge an den Andenausläufern erreichen eine Höhe von bis zu 1450 Metern. Der Himmel ist meist klar und das Schmelzwasser aus den Bergen speist im Sommer die Flüsse. Durch

oben Schmelzwasser aus den Anden versorgt die Rebflächen in Mendoza ganzjährig mit Feuchtigkeit.

kühle Nachttemperaturen bewahren die Trauben ihre Säure und intensiven Aromen.

Das war früher anders: Die Rebflächen lagen alle in den endlosen, staubigen Ebenen. Ein Kanalsystem leitete das Wasser aus den Bergen in die Anpflanzungen. Die Trauben wuchsen zwar üppig, lieferten aber bestenfalls anspruchslose Zechweine. Die Entwicklungen in Kalifornien haben die Argentinier angeregt, auch ihren Weinbau zu revolutionieren. *Flying winemakers*, die heute fast auf jedem Weingut als Berater tätig sind, waren dabei sehr hilfreich.

Man begann an den kühleren Hanglagen, wo zuvor Knoblauch kultiviert wurde, Reben zu pflanzen. Gesenkte Erträge, eine intensivere Rebpflege und Versuche mit dem Ausbau in französischen Eichenbarriques zahlten sich aus.

links Argentinien ist Südamerikas größter Produzent, aber andere Länder wie Peru haben eine viel längere Weinbaugeschichte.

Noch befindet man sich im Versuchsstadium und erprobt, welche Trauben wo kultiviert werden sollen. Momentan erweist sich Malbec als rote Spitzenrebe. Anders als in Bordeaux, wo sie nur rustikale Weine liefert, findet sie in Mendoza offenbar ideale Bedingungen vor.

Einigen Gebieten wurden schon geeignete Trauben zugeordnet: Chardonnay in Tupungato und Cabernet in Agrelo. Zunehmend beliebt wird die Rebsorte Torrontés, deren würzig parfümierte Frucht gut zu aromatischen Speisen passt.

Chile

Auf der anderen Seite der Anden liegt Chile. Es war ein langer Weg von den Reben der ersten Siedler über die billigen Supermarktweine der 1980er Jahre bis zu den heutigen Qualitätsweinen. Ganz wie in Mendoza liegt hier ein Weinbauparadies, und auch hier ändern sich die Dinge im Minutentakt. Die Weinbauern ziehen aus der heißen Ebene an die Hänge, erproben Rebsorten und Klone und beschäftigen sich intensiv mit der Bodenbeschaffenheit.

Fast jeder experimentiert innerhalb eines immer größer werdenden Traubenspektrums. Und es werden in der chilenischen Weinwelt intensive Debatten über die Besonderheiten einzelner Klone und Standorte geführt. Die Klassiker Sangiovese, Mourvèdre, Malbec, Tempranillo und Viognier sind vertreten, aber auch die wenig bekannte Sorte Garro aus Katalonien.

Die wichtigsten Anbauregionen sind Aconcagua, Casablanca, Maipo, Rapel, Curicó, Maule und weiter im Süden Bío Bío. Meist tragen sie den Namen des Flusses, in dessen klimatisch geschützter Tallandschaft sie liegen.

Inzwischen arbeiten hier zahlreiche Weinmacher – darunter viele Frauen – aus allen möglichen Weinländern der Erde (von Südafrika bis Neuseeland). Die Chilenen selbst sind offen für fremde Ideen und greifen sie gerne auf. Nicht wenige Ausländer haben sich daher in Chile niedergelassen und einen eigenen Betrieb mit Blick auf die Anden gegründet.

Es wird viel investiert. Kaffeemagnaten, finanzstarke Hersteller von Obstkonserven oder pharmazeutischen Produkten stecken ihr Geld in Weingüter nach Vorbildern im Napa Valley. Frisch von der Weinschule zurück, bringen die Söhne und Töchter aus alten Winzerdynastien neuen Schwung in die *bodegas* (Weinkeller).

Die Rebstöcke der aus der Mode gekommenen Moscatel- und Sémillon-Trauben werden mit aktuellen Sorten gepfropft und liefern nun Weine, die in anderen Erdteilen sehr erfolgreich sind und Preise gewinnen.

Die rasanteste Entwicklung vollzieht sich bei den Bordeaux-Trauben Cabernet Sauvignon und Merlot, speziell wenn die Weine verschnitten werden. Chilenische Rotweine boomen, nicht zuletzt seitdem eine Untersuchung der Glasgow University vor einigen Jahren auf ihren hohen Gehalt an gesundheitsfördernden Phenolen (siehe Seite 168) verwies. Als neue Weine machen Syrah und Pinot Noir Furore.

Die Weißweine erreichen noch nicht ganz Weltniveau, werden aber zunehmend differenzierter, vor allem die Chardonnays. Diese Individualität verdanken sie nicht nur unterschiedlichen Methoden im Holzausbau, sondern auch den verschiedenen Bodenbeschaffenheiten und mikroklimatischen Bedingungen. Die Unterschiede zwischen einem Chardonnay aus Bío Bío im Süden und Casablanca in Küstennähe sind offensichtlich. Auch die Konsumenten werden das schnell merken.

Sauvignon Blanc ist der zweite Hoffnungsträger bei Weißwein. Chile produziert etwa 27 Prozent aller Weine dieser Rebsorte weltweit. Genau genommen müsste ein gehöriger Teil des chilenischen Sauvignon als Sauvignonasse deklariert werden. Diese weniger edle und flachere Sorte lieferten nämlich einst französische Rebzüchter. Sie wird allmählich durch den echten Sauvignon ersetzt, der in Chile typisch tropische Geschmacksnoten entwickelt.

Das Gleiche passierte beim Merlot: Die Franzosen lieferten statt der Merlot-Rebe die wenig bekannte Bordeaux-Rebe Carmenère, diesmal zum Vorteil der Chilenen: Carmenère erweist sich hier oft den echten Merlot-Klonen überlegen. Eine weitere Rebsorte mit Zukunft in Chile ist Viognier.

Uruguay

Chile und Argentinien produzieren zwar den Löwenanteil der südamerikanischen Weine, doch andere Länder haben eine viel längere Weinbautradition – heute sind deren Weine eher unbedeutend. Uruguay allerdings möchte sein Stück vom Kuchen und strengt sich gehörig an. Es produziert ebenso viel Wein wie Neuseeland. Neben einfachster Massenware findet man auch einige saftige, weiche Rotweine aus der baskischen Rebsorte Tannat.

unten Argentinien ist der größte Weinproduzent Südamerikas und liegt weltweit an fünfter Stelle.

Vereinigte Staaten

Aus den Vereinigten Staaten, genauer gesagt aus Kalifornien, kamen die ersten Neue-Welt-Weine zu uns. Die frischen, fruchtigen und verhältnismäßig günstigen Weine eroberten Europa. Aber auch in anderen Staaten der USA wird Wein angebaut.

Kalifornien

Aus Kalifornien kommen über 90 Prozent der amerikanischen Weinproduktion. Seit der Mitte des 19. Jahrhunderts wird hier Wein erzeugt, allerdings mit Rückschlägen und Unterbrechungen. Zunächst war da die Reblaus, dann kam die Prohibition, es folgten die große Wirtschaftskrise und der Weltkrieg. Doch die kalifornische Weinindustrie hat sich erholt und erzeugt heute einige der besten Weine der Welt. Man konzentriert sich auf ausgewählte internationale Rebsorten wie Chardonnay, Merlot, Pinot Noir und Cabernet Sauvignon.

Probieren Sie einen Cabernet aus dem Napa Valley und der Erfolg wird verständlich. Man nennt ihn den Pauillac des Westens mit seiner dichten Frucht von schwarzer Kirsche, Minze und Zedernholz. Im Napa Valley findet sich die höchste Konzentration von Weinbergen und Weinkellereien Kaliforniens. Hier werden die besten, aber auch die teuersten Weine des Landes produziert. Nicht immer kann die Qualität mit den imposanten Preisvorstellungen mithalten – aber schließlich sind wir hier in der wohlhabendsten Ecke der Welt.

Bei Auktionen gingen die ersten Topweine für astronomische Summen an Milliardäre aus dem Silicon Valley, und der Kultstatus war ihnen für die Zukunft sicher.

Die Preise für die besten Weinberge waren noch verrückter, aber Rebland ist knapp im kaum 50 Kilometer langen Napa Valley.

Das Napa Valley zählt auch die meisten *Approved viticultural areas* (AVAs), darunter Stag's Leap, Howell Mountain und Oakville. Das AVA-System gilt landesweit, es weist geografisch definierte Anbaugebiete aus (wie AOC in Frankreich). Für einen Wein der AVA-Stufe müssen 85 Prozent der Trauben aus diesem Gebiet stammen. Eine genannte Rebsorte muss mit 75 Prozent Anteil vertreten sein. Wird eine Weinlage angegeben, müssen 95 Prozent des Weins von dort stammen. Auch bei Jahrgangsangaben gilt ein Minimum von 95 Prozent.

Nach all den blitzenden *wineries* und fantastischen Häusern im Napa Valley wirkt das benachbarte Sonoma angenehm normal. Auch hier werden gute Weine produziert: Sie sind meist günstiger (das Land kostet die Hälfte) und zudem zugänglicher. Sonoma gehört zu den klimatisch vielschichtigsten Regionen Kaliforniens. Kühle Landstriche wie Russian River eignen sich für Pinot Noir, heiße Ecken wie das Dry Creek Valley liefern sensationellen Zinfandel.

oben Santa Barbara in Kalifornien entwickelt sich zu einem Star der Weinwelt.

Der Zinfandel bewährt sich auch in der weiter südlich gelegenen Region Central Coast bei San Luis Obispo sehr gut. Es ist die viertgrößte Weinregion an der kalifornischen Küste nach Sonoma, Napa Valley und Monterey. Spitzenlagen für Rotweine bietet das Umland der Cowboy-Stadt Paso Robles. Noch südlicher liegt Santa Barbara County, in dem Experten ein zweites Napa Valley sehen. Innerhalb von 30 Jahren entwickelte sich aus dem Nichts eine Weinindustrie mit 100 Millionen Dollar Umsatz. Ganz erstaunlich sind Pinot-Noir- und Chardonnay-Weine aus dem Santa Ynez Valley.

Weitere Anbaugebiete in Kalifornien sind Mendocino, Carneros, Santa Cruz Mountains, Lake County, Alameda, Santa Clara, San Benito und die Sierra Foothills.

Nördliche Westküste

Idaho grenzt nicht an den Pazifik, gehört aber zu den drei Staaten, die 1991 *The Pacific Northwest Wine Coalition* zur Absatzförderung ihrer Weine gründeten. Washington und Oregon sind die beiden anderen.

links Der Pinot Noir aus Oregon nimmt es mit den besten französischen Burgundern auf.

Idaho steht mit einigen Dutzend Weingütern noch am Anfang. Sie alle liegen im Südwesten entlang des Snake River.

Oregon hat fünfmal mehr Güter und wächst noch weiter. Früher bestand die Weinindustrie nur aus kleineren Betrieben, doch jetzt investieren große Erzeuger gewaltige Summen in die Auswahl neuer Klone und geeigneter Weinlagen.

Pinot Noir ist der unangefochtene Star. Bei einer Blindverkostung schmuggelte ein Produzent aus Oregon seinen Pinot Noir unter die Top-Burgunder und wurde Zweiter. Inzwischen interessieren sich auch ausländische Investoren für die Region.

Oregon macht auch mit anderen Rebsortenweinen wie Pinot Gris von sich reden. Dieser verdrängt zunehmend den Chardonnay. Manche sagen sogar, Oregon sei zu feucht für Chardonnay und die Weine deshalb oft säuerlich und mager.

Im Willamette Valley, der kühlsten und feuchtesten der drei AVA-Regionen, sitzen fast zwei Drittel der Weingüter Oregons. Weiter südlich finden sich die Weingebiete Umpqua Valley und Rogue River (mit Untergebieten Applegate Valley, Illinois Valley und Rogue Valley). Auch im Wüstenklima des Ostens gibt es einige Weinberge im Columbia Valley und Walla Walla Valley.

Während Oregon missmutig in den zwischen November und April beständig fallenden Regen starrt, wartet man in den Weinbergen von Washington State sehnsüchtig auf etwas Niederschlag.

Der Unterschied von Tages- und Nachttemperaturen ist hoch: In heißen Sommern werden fast 40 °C, in extremen Wintern minus 30 °C erreicht. Erstaunlich, aber

unten Die meisten Weingüter Oregons findet man im Willamette Valley.

links Das Walla Walla Valley in Washington liefert geschmacksintensive Trauben.

selbst edle Rebsorten zeigen sich diesen Bedingungen gewachsen. Sie passen sich dem Klima an und entwickeln dank der extra Sonnenstunden eine intensive Frucht.

Die Weinbauern verlegen ihre Rebpflanzungen allmählich vom heißen Talboden in die geschützteren Hügellagen. Die Vorreiter haben sich die besten Lagen gesichert und die führenden Kellereien reißen sich um deren Ernte.

Washington hat vier große Appellationen mit weiteren sechs Unterbereichen. Columbia Valley ist die größte, deutlich kleiner sind Yakima Valley, Walla Walla und Puget Sound.

Die Merlot-Traube gedeiht hier gut, doch Syrah ist der eigentliche Star – die Region scheint wie gemacht für sie. Es gibt auch feine Weißweine aus Chardonnay, Riesling, Sémillon und Sauvignon Blanc.

New York State

Die Weinindustrie des Staates New York befindet sich wieder im Aufschwung. Hier wird schon seit Jahrzehnten Wein gemacht. Einst war die Region der zweitgrößte Weinproduzent des Landes. Dann fiel man zurück, bis frisches Geld in moderne Kellerausrüstungen investiert und die Rebsorten bewusster ausgewählt wurden. Aus dem Distrikt Finger Lakes kommen die meisten Weine. Nur das moderate Klima der Seenlandschaft ermöglicht hier überhaupt Weinbau. Es mildert die Temperaturen im Winter und schützt vor Frosteinbrüchen. Weine aus Chardonnay- und Riesling-Trauben fallen sehr gut aus. Man baut auch Cabernet Sauvignon und Merlot an. Spezialitäten sind Sekt und Eiswein.

Auf Long Island glänzen die Weinkeller ebenso proper wie die Häuser. In der mildesten und wärmsten Region des Staates finden Rebsorten wie Cabernet Sauvignon geeignete Bedingungen vor. Long Island hat zwei AVAs vorzuweisen, The Hamptons und North Fork. Bei den Rotweinen sind Merlot und Cabernet Franc besonders hervorzuheben, bei den weißen Sauvignon Blanc.

Zu New York State gehören auch die Weingebiete Lake Erie und Hudson River.

Andere Staaten

Noch in 36 anderen Staaten der USA, Hawaii inklusive, wird Wein produziert, mitunter ganz ordentlicher wie in New Mexico, Maryland, Virginia und Arizona, doch noch sind keine spektakulären Weine dabei.

oben Aus den Weinbergen von North Fork (New York State) kommen nur kleine Mengen, aber von beachtenswerter Qualität.

Kanada

Kanada wird als Weinland gerne auf seine berühmten Eisweine reduziert, und tatsächlich herrschen hier ideale Bedingungen für diesen Wein. Die tiefgefrorenen Trauben, meist Riesling, werden mitten im Winter gelesen und zu einem köstlichen süßen Nektar vergoren. Doch die Dinge ändern sich, und Kanada ist im Begriff, auch großartige Tafelweine zu erzeugen. An der Brock University (Ontario) wurde das erste önologische Forschungs- und Studienzentrum des Landes eingerichtet. Es bedarf noch einiger Experimente hinsichtlich geeigneter Rebsorten, doch Know-how und Kapital sind vorhanden. Sogar Produzenten aus Burgund schließen Jointventure-Abkommen und investieren in Weinberge – also muss etwas dran sein.

Rebsorten

Alles ist möglich. Es gibt Chardonnay, Gamay, Gewürztraminer, Cabernet Franc, Merlot, Riesling, Pinot Blanc, Pinot Noir, Viognier, Chenin Blanc, Ehrenfelser (Kreuzung aus Riesling und Silvaner), Maréchal Foch (französische Hybride, robust und frühreif für fruchtige, leichte Weine), Baco Noir (für rauchig-fruchtige Weine) und Vidal (dickschalige Hybride, gut für Eiswein).

Anbaugebiete

Zwar sind vier der zehn kanadischen Provinzen für den Weinanbau geeignet, doch die meisten Weinberge konzentrieren sich in zwei Provinzen: in Ontario und in British Columbia.

links Im idyllischen Okanagan Valley sind die Visionen der enthusiastischen Winzer Realität geworden.

In British Columbia erwächst den Winzern durch hungrige Bären, die gerne in die Weinberge einfallen, eine starke Konkurrenz bei der Traubenernte. Fast alle Anpflanzungen liegen im Okanagan Valley mit seinem kristallklaren See als Mittelpunkt. Es ist in zwei Klimazonen unterteilt: Im kühlen Norden wachsen aromatische weiße Trauben wie Pinot Gris und Riesling, im trockenen, heißen Süden rote Trauben für gute Cabernets und Merlots. Überhaupt ist Merlot zurzeit die erfolgreichste Rebsorte Kanadas. Der Weinbau ist in Kanada zwar relativ jung, doch eine Hand voll enthusiastischer Winzer hat die Dinge vorangetrieben.

Ein guter Rat: Wenn Sie beide Gebiete besuchen wollen, planen Sie British Columbia als krönenden Abschluss ein. Die Landschaft ist spektakulär, gerade im Kontrast zum eher flachen Ontario. Aber auch Ontario hat seinen eigenen Reiz. Die vielen Seen schaffen ein gemäßigtes Klima. Im Sommer kann es heiß und feucht werden, doch die Durchschnittstemperaturen gleichen denen anderer guter Weinbauregionen.

75 Prozent der kanadischen Weine – in unterschiedlichen Stilen, meistens aber weiß – kommen aus Ontario. Die Mehrzahl der Rebflächen liegt auf der Niagara-Halbinsel. Die Hanglagen des Niagara Escarpment werden nach der Bodenstruktur in so genannte *benches* unterteilt, die jeweils charakteristische Weine liefern. Der Riesling gelingt hier besonders gut, vor allem wenn sich Könner seiner annehmen, doch leider geht der aktuelle Trend von dieser Rebsorte weg.

rechts Riesling-Ernte für Eiswein in der winterlichen Landschaft von St. Catherine's, Ontario.

Qualitäten

Achten Sie auf das VQA-Siegel der *Vintners' quality alliance* auf der Flasche. Die VQA-Charta definiert Richtlinien und überwacht deren Einhaltung durch die Erzeuger. Die erste der beiden Qualitätsstufen ist die *Provincial designation*. Diese Weine stammen aus der genannten Provinz, wobei nur bestimmte Rebsorten (Vinifera- und Hybridsorten) zugelassen sind. Rebsortenweine müssen zu 85 Prozent aus der angegebenen Sorte gemacht sein. Die höhere Stufe *Geographic designation* kennt bestimmte Anbaugebiete (*Designated viticultural areas* – DVAs), und die Trauben für solche Weine müssen zu 85 Prozent aus dem genannten Anbaugebiet stammen.

Weitere Weinländer

Wussten Sie, dass in Japan und China nicht nur Reiswein, sondern auch Wein aus Trauben produziert wird? Aber auch in Europa gibt es noch vieles zu entdecken – nicht nur Griechenland besitzt ein großes Potenzial.

links Verschneite Weinberge vor dramatischer Gebirgskulisse im Wallis, dem größten Schweizer Anbaugebiet.

Luxemburg

Auch das kleine Luxemburg hat zahlreiche Weingüter, die entlang der Mosel meist deutsche Rebsorten anbauen. Da die Luxemburger selbst große Weintrinker sind, werden nur ganz geringe Mengen der leichten und herben Weine exportiert.

Schweiz

Zu Unrecht finden sich Schweizer Weine zu selten in den Regalen unserer Geschäfte. Die Exportbemühungen der Schweizer Weinerzeuger werden durch die hohen Zölle der EU und zahlreiche Konkurrenten stark gebremst. Chasselas, eine nicht sehr aufregende Rebsorte, dominiert und liefert in der Schweiz interessante Weißweine. Neben den einheimischen Trauben Petite Arvine, Amigne und Humagne Blanc baut man auch Gamay, Pinot Noir und Merlot an.

Kroatien und Mazedonien

Noch ein kurzer Abstecher auf den Balkan nach Kroatien und Mazedonien, denn auch hier gibt es interessante Weinbaugebiete. Allerdings behindern die politischen und wirtschaftlichen Verhältnisse die Entwicklung, und die Weine sind bei uns noch selten im Handel zu finden.

Moldawien und Ukraine

Moldawien und Ukraine sind beides große Weinproduzenten mit einer langen Tradition. Moldawien war einst der größte Weinproduzent der Sowjetunion. Mit dem Zusammenbruch der Sowjetunion entfiel jedoch ein wichtiger Markt. Seit den 1990er Jahren investieren aber ausländische Unternehmen in die Weinproduktion des Landes, und man darf gespannt auf die Ergebnisse sein. Aus der Ukraine kommen die berühmten Schaumweine von der Krim.

Griechenland

Noch stehen griechische Weine nicht unbedingt auf der Einkaufsliste der Weinkenner. Strenge Qualitätsvorschriften, verbesserte Gärverfahren und große Investitionen sorgten in den letzten Jahren für deutliche Fortschritte. In Zukunft wird sich das Image des Weinlandes Griechenland nicht mehr nur auf Retsina reduzieren lassen.

Engagierte kleine Güter erzeugen Weine aus einheimischen Rebsorten wie Xynomavro, Agiorgitiko und Moscophilero. Glücklicherweise sind die griechischen Winzer ihren traditionellen Rebsorten treu geblieben, auch wenn inzwischen natürlich internationale Reben angepflanzt werden.

Zypern

Bei Zypern denkt man sofort an gespritete Weine, doch gibt es inzwischen einige gute, leichte Rote. Neuanpflanzungen von Grenache und Carignan stehen neben einheimischen Rebsorten, wie Mavron, Promara und Maratheftico.

Türkei

Die Türkei kann sich der ältesten Weinbautradition rühmen: Noah soll am Ararat die ersten Reben gepflanzt haben, und archäologische Funde belegen Weinkultivierung mindestens seit 4000 v. Chr. Heute verfügt die Türkei über die viertgrößte Rebfläche der Welt, doch nur drei Prozent der Trauben werden zu Wein verarbeitet, der größte Teil gelangt als Tafeltrauben oder Rosinen auf den Weltmarkt. Modernisierungen im Weinausbau, Versuche mit internationalen Rebsorten und nicht zuletzt ein steigender Konsum im Land selbst könnten noch für Überraschungen sorgen.

Indien

In Indien trifft man auf eine aufblühende Weinindustrie. Wegen der wachsenden Binnennachfrage nach Wein suchen Franzosen, Amerikaner, Australier und andere nach Investitionsmöglichkeiten. Einige sind schon vor Ort, und international renommierte Fachleute beraten die etablierten Weingüter. Für die passablen Weiß- und Schaumweine werden in Höhenlagen Rebsorten wie Ugni Blanc, Chardonnay, Colombard und Pinot Blanc angebaut, für Rotweine Cabernet Sauvignon, Pinot Noir und andere rote Trauben.

China

Auch China steckt voller Überraschungen. Obwohl es genauso viel Wein wie Chile produziert, ist der Wein kaum bekannt, denn der größte Anteil wird im Land selbst getrunken. Ausländische Investoren sind sehr interessiert, und im wichtigsten Gebiet, auf der Halbinsel Shandong, stehen westliche Produzenten den einheimischen Betrieben beratend zur Seite. Es werden gute Chardonnays und Weine aus deutschen und russischen Rebsorten produziert.

Japan

In Japan wurden schon immer Trauben angebaut, doch sie wurden meist als Tafeltrauben verzehrt und nicht zu Wein verarbeitet. Neben der beliebten Koshu-Traube findet man auch europäische Rebsorten, die meisten Teile des Landes sind allerdings klimatisch nicht für den Weinbau geeignet.

unten Die Weinproduktion in China ist beachtlich und bereit für die weitere Entwicklung.

Weinkunde

Keine Angst, es wird nicht zu theoretisch, die Grundlagen sind ziemlich einfach. Wenn Sie in Zukunft einen Weinberg betreten, werden Sie die Erde prüfend durch die Finger rieseln lassen oder sich über die Art des Rebschnitts Gedanken machen. Mit der Autorität eines Kenners werden Sie konstatieren, „dass diese Rebflächen etwas zu hoch am Hang angelegt sind". Sie werden einen hässlich aussehenden Pilz lieben lernen und „altmodische" Getränke wie Sherry und Madeira in einem neuen Licht sehen. Und falls Sie es nicht schon längst wussten, in diesem Kapitel können Sie es nachlesen: Das tägliche Gläschen Wein wirkt positiv auf die Gesundheit. Zum Wohl!

Idealer Standort für den besten Wein

oben Man sagt, die besten Weine kommen aus kühleren Regionen, aber die leiden oft unter Regen und fehlendem Sonnenschein.

Wenn heute ein Wein als vorzüglich beurteilt wird, dann erntet immer der Weinmacher das Lob. Klar, seine Arbeit ist wichtig, und er kann dank moderner Technik selbst aus einer mäßigen Ernte noch einen akzeptablen Wein bereiten. Ebenso wichtig sind aber die Trauben und ihre Wachstumsbedingungen.

Die verschiedenen Rebsorten haben wir bereits kennen gelernt, sie prägen ganz wesentlich den Geschmack. Wie und wo ein Wein gewachsen ist, verleiht ihm seine Individualität. Auch wenn sich Bedingungen gleichen, die Kombination von geologischen und klimatischen Besonderheiten einer Region sind einzigartig.

Weinreben gedeihen nicht überall. Ideal sind kalte Winter, in denen sich die Pflanze bis zum Frühling erholen und neue Energie sammeln kann. Ab der Blüte im Frühjahr und möglichst bis zur Ernte braucht die Rebe Sonne, ausreichend Regen, gefolgt von einer sanften, trocknenden Brise und schließlich einen langen, trockenen Herbst.

Die Weinbauregionen der Erde ziehen sich innerhalb eines scharf abgegrenzten Bereichs um den Globus. Sie liegen in den gemäßigten Temperaturzonen zwischen 50° und 30° nördlicher Breite und 30° und 50° südlicher Breite.

Früher galt, dass die kühleren, äquatorfernen Regionen die edelsten Weine erzeugen und die wärmeren Bereiche fast nur einfache Weine in großen Mengen produzieren. Heute versuchen die Weinmacher in

links Das Languedoc liegt fast genau in der Mitte der moderaten, für Weinbau geeigneten Zone der Nordhalbkugel.

heißen Ländern die Bedingungen der kühleren Zonen zu imitieren. Unter anderem ernten sie die Trauben jetzt wesentlich früher.

Je näher man dem Äquator kommt, umso schwieriger gelingen gute Weine. Tropische Regenfälle lösen Pilzkrankheiten aus, wie das in allen Weinregionen bei einem Übermaß an Regen geschieht. Der fehlende Winter lässt den Reben keine Ruhepause. Sie wachsen permanent: Durch Rückschnitt und Bewässerung werden „Jahreszeiten" simuliert, und so tragen die Reben bis zu dreimal im Jahr „reife" Trauben.

Auch in kühleren Zonen schadet zu viel Regen den Trauben. Zusätzlich macht sich die Sonne rar, und man muss nach den sonnigsten Lagen suchen. Ideal sind auf der Nordhalbkugel Südhänge, die jeden Sonnenstrahl von der Morgen- bis zur Abenddämmerung auffangen.

Ausreichend Sonne ist die größte Sorge der Weinbauern in diesen Regionen. Selbst an Südhängen kommen die Trauben in manchen Jahren nicht zur vollen Reife.

Basis der Weinbereitung ist ein ausreichender Zuckergehalt der Beeren, der unter Mitwirkung von Hefe in Alkohol verwandelt wird. Und der natürliche Zucker der Trauben wird durch viel Sonne erzeugt.

Während der Blüte im späten Frühjahr bringt schlechtes Wetter, vor allem Frost oder Hagel, große Gefahr. Die Befruchtung und der Fruchtansatz werden gestört und so die späteren Erträge dezimiert.

Und bei zu viel Sonne? Da muss man eben, wie in vielen Weinbergen der Neuen Welt, künstlich bewässern. Viele Winzer in Europa sehen das skeptisch – aber die haben ja auch genug Regen. Tatsächlich wird die künstliche Bewässerung nicht ausreichend reglementiert und führt oft zu übermäßig hohen Erträgen. Heute gibt es aber hoch entwickelte intelligente Bewässerungssysteme, die Pflanze und Boden nur die wirklich notwendige Feuchtigkeitsmenge zuteilen.

unten Weinberge auf Südhängen der Nordhalbkugel sind optimal zur Sonne ausgerichtet.

Boden

oben Unterhalb des markanten Felsens von Solutré dehnen sich an den Hängen die Weinberge des Mâconnais aus.

Die ideale Lage für den Weinberg ist gefunden, jetzt müssen die richtigen Reben an der richtigen Stelle eingepflanzt werden. Ein Hang in mittlerer Höhe wäre nicht schlecht, denn auf ebenen Feldern stehende Reben bekommen weniger Sonnenlicht, stehen meist feuchter und sind dadurch frostgefährdet. Der untere Abschnitt eines Hangs könnte unter Feuchtigkeit leiden, besonders in der Nähe eines Flusses. Auf halber Höhe stehen die Stöcke sonnig und sind gut entwässert. Weiter oben könnten bereits die niedrigeren Temperaturen die Traubenreife beeinträchtigen. Auf dem Kamm ist es zu kalt, zu windig und, wenn dort Bäume stehen, zu schattig.

Nicht jeder Boden verträgt sich mit jeder Rebe. Der Boden beziehungsweise seine Drainage-Eigenschaften wirken sich auf den Geschmack des Weins aus. Ein gut entwässerter Boden ist warm, feuchter Boden ist immer kalt. Erst eine bestimmte Temperatur des Bodens und weniger die der Luft lässt die Rebe knospen. Das heißt aber nicht, dass ein wasserdurchlässiger Boden immer besser als ein dichter, feuchter Lehmboden sein muss. Er ist nämlich anfälliger bei Frost und reflektiert oft zu viel Sonne und Hitze. Kühlere Lehmböden können frühe Rebsorten wie Merlot in der Reifung bremsen und dem Wein mehr Struktur verleihen.

Der Boden beeinflusst erheblich den Geschmack des Weins. Ein Chardonnay entwickelt auf Kalkstein, beispielsweise in

rechts Schieferböden wie hier an der Mosel speichern die Wärme und kompensieren fehlende Sonnenstunden.

Chablis, mineralische Feuersteinaromen. Auf kalifornischen Kreideböden gewachsen, schmeckt er dagegen viel wuchtiger.

Im Wesentlichen unterscheidet man vier Bodenarten. Da wäre zunächst Kreide. Sie ist wasserdurchlässig und zwingt die Pflanze, tief zu wurzeln. Einige Rebsorten wie Chardonnay liefern auf Kalkböden ausdrucksstarke Weißweine. Auf Kalkstein gezogene Trauben zeichnen sich durch ihre Säure aus, wie beim Champagner, Chablis oder Sancerre.

Als nächstes Granit: Die Steine wirken als Reflektor, sie strahlen die Sonne zurück auf die Trauben. Sehr gut für wuchtige Rotweine wie Châteauneuf-du-Pape.

Dann die Kiesböden: Die Reben entwickeln sich am besten auf mageren, gut entwässerten Böden, denn dort müssen sie auf der Suche nach Nährstoffen tief reichende Wurzeln ausbilden. Cabernet Sauvignon mag diesen Bodentyp und entfaltet sich besonders gut auf solchen Böden. Wichtig sind auch die Beimengungen, denn ein Lehmuntergrund liefert Weine mit weniger Säure als Kalkstein.

Schließlich Schiefer, ein mineralstoffreiches Gestein, das zu manchen Rebsorten perfekt passt. Seine Fähigkeit, Wärme zu speichern, gleicht in Regionen wie der Mosel manche fehlende Sonnenstunde aus.

In einem Weinberg können sich die Gegebenheiten 100 oder 200 Meter nach links oder rechts grundlegend verändern. Weine aus bestimmten Parzellen waren über Jahre hin einfach besser als die aus den unmittelbar benachbarten Lagen. Nehmen wir Bordeaux. Oder Burgund mit seinem komplizierten Flickenteppich qualitativ differenzierter Appellationen und Weinberge. Die Franzosen fassen all dies, das Zusammenspiel von Boden, Exposition und Klima einer Lage, elegant in dem Begriff Terroir zusammen.

REBLAUS

Phylloxera, allein der Name lässt jeden Weinbauern erschaudern. Diese winzige Laus liebt nichts mehr, als genüsslich an den Wurzeln von Vitis-vinifera-Pflanzen zu knabbern, bis der gesamte Weinberg zerstört ist. Ende des 19. Jahrhunderts verwüstete die Reblaus zunächst fast alle Weinberge Frankreichs, um sich dann die Rebstöcke der restlichen Wein produzierenden Welt vorzunehmen. Glücklicherweise fand man eine Lösung, als Vinifera-Reiser auf reblausresistente Wurzelstöcke gepfropft wurden. Noch immer arbeiten Rebzüchter an der Entwicklung geeigneter Unterlagsreben, denn von Zeit zu Zeit bricht die Plage neu aus. In den 1990er Jahren traf es Nordkalifornien, wo noch heute an der teuren Neubepflanzung gearbeitet wird.

Rebpflege

Wir haben den Weinberg vorbereitet, kennen den Bodentyp, haben das Klima studiert und wissen, welche Rebsorten und Klone wir auf welchen reblausresistenten Unterlagen pflanzen. Was muss der Weinbauer noch alles bedenken? Zum Beispiel, wie dicht die Reben nebeneinander gepflanzt werden und in welcher Form sie geschnitten und erzogen werden.

In der Alten Welt wurden diese Entscheidungen bereits getroffen, doch Verbesserungen sind immer möglich. Der momentane Trend zu jungen Weinen löst auch in den Weinbergen der Alten Welt vielfältige Veränderungen aus. Eine verbesserte Laubpflege führt zu reiferen Trauben, aus denen fruchtbetontere Weine entstehen. Werden die Trauben dann auch noch entrappt, das heißt die Stiele entfernt, erhält man Weine, die spätestens zwei Jahre nach der Ernte trinkreif sind. Man muss sich nicht mehr wie früher fünf Jahre in Geduld üben.

unten Beim Anbau von Weintrauben muss vieles bedacht werden: Diese Sauvignon-Blanc-Beeren haben zu viel Sonne abbekommen.

Beginnen wir mit der Bestockungsdichte. Im feuchten Nordfrankreich können bis zu 10 000 Rebstöcke pro Hektar stehen. In den trockenen Ebenen Spaniens, wo eine Rebe mehr Raum braucht, um sich mit Feuchtigkeit zu versorgen, stehen nur 1 400 Stöcke pro Hektar.

Der Abstand zwischen den Rebzeilen ist in der Alten und Neuen Welt unterschiedlich. Die Weinberge der Alten Welt lassen ausreichend Platz, damit ein Mensch (früher auch ein Pferd) dort arbeiten kann. Speziell für diese Gegebenheiten werden besonders schmale Erntemaschinen und Traktoren gebaut. Die meisten Weinberge der Neuen Welt wurden von Anfang an für den Maschineneinsatz konzipiert, daher beträgt der Zeilenabstand bis zu drei Meter.

Auch die Ausrichtung der Rebzeilen, von Nord nach Süd oder von Ost nach West, will überlegt sein. Aspekte wie das Klima, Einfallrichtung von Wind und Sonne sowie die Bodenerosion müssen einbezogen werden.

Es gibt ganz verschiedene Ansichten über die Reberziehung. Sehr alt ist das Gobelet-System mit buschförmig wachsenden Reben ohne Stützen. Weit verbreitet ist die Führung der Reben an Drahtrahmen. So lässt sich das Wachstum gut steuern, und Krankheiten werden durch Rückschnitt vermieden. Die Reberziehung sorgt für eine gute Luftzirkulation und beugt so der Traubenfäule vor. Erziehungssysteme wie Guyot-, Cordon-, Bogen- oder Pergolasysteme sind oft regional vorgegeben und berücksichtigen örtliche Gegebenheiten.

oben In der Alten Welt, wie hier in der Basilicata (Italien), sind die Abstände der Rebzeilen oft viel geringer als in der Neuen Welt, wo Maschinen eine größere Rolle spielen.

Canopy management ist ein viel verwendeter Begriff für die gezielte Gestaltung des Blattwerks der Reben. Wenn bei intensiven Regenfällen die Blätter stark wuchern, müssen sie zurückgeschnitten werden, um die Trauben wieder ausreichend mit Licht zu versorgen. Zeitpunkt und Umfang des Rückschnitts wirken sich auch auf den Ertrag aus.

Manche Etiketten tragen Hinweise wie *vieilles vignes* (alte Reben). Ab dem dritten Jahr kann ein Weinstock normal abgeerntet werden, bis zu seinem 20. Lebensjahr steigert sich dann sein Ertrag. Danach lässt er in Quantität, aber nicht unbedingt in Qualität nach. Im Gegenteil, oft steigert sich die Qualität sogar, und das Alter der Rebstöcke wird zum Verkaufsargument. *Old vines* oder *vieilles vignes* kann aber alles bedeuten: von 10 bis 100 Jahre.

Erwünscht sind Trauben mit einem hohen Mostgewicht, also genügend Traubenzucker. Dieses wird durch einen entsprechenden Säuregehalt ausbalanciert. Mit dem Zuckergehalt steigen auch die wohlschmeckenden Aromen.

Weinlese

Die Weinlese ist echte Knochenarbeit und macht durstig. In gebückter Haltung schieben die Pflücker die Blätter auseinander, um die reifen Trauben herauszuschneiden. Doch bis dahin ist viel passiert.

Beginnen wir im Winter. Keine Spur von Leben, schwarze Stümpfe mit kahlen Zweigen ragen aus der harten Erde. Die Reben ruhen und sparen ihre Energie für den Frühling auf. Der anstrengende Vegetationszyklus hat sie erschöpft. In Weinbauländern mit besonders kalten Wintern wie Kanada, Deutschland und Österreich hängen manchmal jetzt noch Trauben am Stock. Sie sollen noch süßer werden und möglichst gefrieren, damit dann ein besonders süßer, konzentrierter Eiswein gewonnen werden kann (siehe Seite 35).

Als Arbeit steht jetzt der Rebschnitt an. Gerade in den kühleren Regionen ist das Zurückschneiden im Winter wichtig, denn es bestimmt wesentlich (zusammen mit einer dichten Bestockung) über den späteren Ertrag. Entscheidend ist, wie viele Fruchtruten und Augen an jedem Rebstock belassen werden.

Mit Ertrag meint man die produzierte Traubenmenge. Sie wird in Europa in Hektoliter Wein pro Hektar angegeben, in den USA in *tons of grapes per acre*. Der Ertrag ist abhängig von der Rebsorte, dem daraus gemachten Wein und dem Pressdruck.

Gerade in kühleren Regionen ist die Ertragsbeschränkung wesentlich bei der Produktion von Qualitätswein.

Im Frühjahr treiben die beim Winterschnitt am Stock verbliebenen Augen aus.

links Nach einem Jahr intensiver Zuwendung, um den Wein vor Frost, Vögeln und zu viel Sonne zu schützen, bestimmt der Winzer den Zeitpunkt der Lese.

Frost bedeutet jetzt eine große Gefahr, denn bei unter minus 5 °C erfrieren die Triebe. Die Weinbauern setzen die unterschiedlichsten Frostschutzmaßnahmen ein: von einfachen Heizöfen zwischen den Rebzeilen bis hin zu Hubschraubern, die über den Weinbergen kreisen und die Luft erwärmen sollen. Später können Schädlinge zum Problem werden.

Die Blüte setzt etwa zwölf Wochen nach dem Austrieb ein und dauert ein oder zwei Wochen. Aus den befruchteten Blüten werden dann Beeren. Auch dabei beeinflusst das Wetter den Ertrag.

Während des Sommers leistet die Sonne ihren Beitrag und verwandelt die harten, grünen Kügelchen in dicke, saftige Früchte. Hängen zu viele Trauben am Stock, werden einige bei der Grünlese von Hand ausgeschnitten, damit die restlichen besser reifen.

linke Seite Die Lese von Hand ist arbeitsintensiv und eine Belastung für den Rücken.

Blätter werden entfernt, damit die Sonne direkt auf die Früchte scheint. Jetzt muss man die Weinberge mit Netzen vor den Vögeln schützen.

Mit jedem Tag sinkt der Säurepegel, die Trauben werden weicher und verfärben sich. Diese Reifephase heißt auch *véraison*. Ein kurzer Sommerregen ist gern gesehen, denn er schützt vor Austrocknung. In manchen Ländern muss man auf künstliche Bewässerung zurückgreifen.

Die Trauben reifen, der Herbst und damit die Erntezeit kündigen sich an. Der Weinbauer muss über den richtigen Lesezeitpunkt entscheiden. Geht er das Risiko ein und lässt die Trauben noch einige Tage hängen, damit ihr Mostgewicht weitersteigt? Oder soll er gleich ernten, weil die Wettervorhersage doch etwas unsicher ist?

Der große Moment ist da, die Lese beginnt. Die Trauben werden vorsichtig in die Kellerei gebracht, gepresst und zu Wein gemacht.

unten In den traditionellen Weidenkörben lassen sich die edlen Pinot-Noir-Trauben besonders schonend transportieren.

Weinbereitung: Weißwein

oben In dieser Maschine werden die Trauben entrappt und anschließend gemahlen.

Wussten Sie, dass man aus roten Trauben Weißwein machen kann? Das geschieht nicht oft, ist aber ganz normal bei Pinot Noir und Pinot Meunier für Champagner. Tatsächlich entsteht aus allen farbigen Trauben weißer Wein, solange der Most kaum mit den Beerenschalen in Berührung kommt oder keine Maischung stattfindet.

Wir haben also weiße Trauben und wir haben blitzblanke Gerätschaften aus Edelstahl. Noch mehr als beim Roten kommt es beim Weißen auf peinliche Sauberkeit an. Und auf ständige Kontrolle: Zu viel Sauerstoff oder gar Bakterien sind unerwünscht.

Gerade in heißen Klimazonen werden die Trauben sehr früh am Morgen gelesen und gemahlen. Anschließend wird der Saft schnell abgepresst und zum Gären gebracht. Danach wird der Wein abgefüllt oder zur Abrundung in Eiche gelagert. Oberstes Ziel dabei ist es, möglichst viele der köstlichen Traubenaromen zu erhalten. Das ist in aller Kürze die Kunst der Weißweinbereitung.

Von der Traube zum Wein

Die Trauben werden gelesen und sofort alle verdorbenen Früchte aussortiert. Dann bringt man sie umgehend zur Kellerei, sie sollen nicht unter ihrem Eigengewicht platzen und oxidieren.

Für einen Weißwein im leichteren, nicht holzausgebauten Stil werden die Trauben in einer Abbeermaschine von den Stielen getrennt (entrappt) und dann gemahlen. Die Zugabe von Schwefeldioxid verhindert die Oxidation und tötet Bakterien sowie wilde Hefen ab. Manchmal bemerkt man beim Öffnen einer Flasche den Geruch abgebrannter Streichhölzer – das kommt vom Schwefel. Der Geruch verflüchtigt sich rasch an der Luft.

In der Presse wird der Saft aus den gemahlenen Trauben gedrückt, zurück bleiben die Beerenschalen. Den Saft pumpt man zum Absetzen in gekühlte Edelstahltanks. Dann kommt Hefe dazu. Früher verließen sich die Winzer auf die natürlichen wilden Hefen. Da man dabei oft etwas länger auf das Einsetzen der Gärung warten musste, nimmt man heute meistens Reinzuchthefen, die verlässlicher arbeiten.

Einige Eigenbrötler vertrauen weiter der Natur und den wilden Hefen mit dem

Argument, die Weine bekämen so mehr Komplexität.

Dann setzt die Gärung ein. Sie kann langsam oder schnell, warm oder kalt ablaufen. Üblich sind 10–25 °C.

In der futuristischen Steuerzentrale einer großen modernen Kellerei kann die Temperatur in jedem Tank überwacht und per Knopfdruck angepasst werden. Durch die Gärtemperatur entscheidet der Weinmacher über Aroma und Charakter des Weins. Je kühler die Gärung, umso fruchtiger wird der Wein. Weil Weißweine von primären Fruchtaromen leben und eine verstärkte Extraktion nicht brauchen, werden sie fast immer kühler vergoren als die meisten Roten.

Nach einigen Tagen ist die Gärung abgeschlossen. Der junge Wein wird vom Bodensatz (abgestorbene Hefezellen und andere feste Teilchen) in einen anderen Tank abgezogen. Danach werden Klärmittel wie Bentonit oder Eiweiß dazugegeben, um unerwünschte Schwebstoffe auszufällen. Die bei diesem Vorgang, dem so genannten Schönen, eingesetzten Mittel werden mit den gebundenen Trübstoffen abgetrennt und verbleiben nicht im Wein.

Hat die Sonne gefehlt und ist der Zuckergehalt der Trauben zu niedrig, darf durch Zusatz von Zucker der Alkoholgehalt angehoben werden. Man nennt das *chaptalisation*. Fehlende Säure kann mit Wein- oder Zitronensäure ausgeglichen werden. Gleichzeitige Säuerung und *chaptalisation* sind verboten.

Der Wein wird filtriert und auf Flasche abgefüllt.

rechts Moderne Weinkellereien sind mit futuristischen Stahltanks und Steuerzentralen ausgestattet.

Körperreiche Weißweine

Für körperreiche, holzgeprägte Weißweine läuft bis zur Gärung alles genau wie oben dargestellt. Allerdings wird der Wein, bevor die Gärung ganz abgeschlossen ist, in Eichenfässer gepumpt. Darin ruht der junge Wein sechs bis acht Monate, um die Vanillearomen der Eiche aufzunehmen. Seine Frucht wird üppiger, das Tannin verleiht ihm Langlebigkeit und Komplexität. Nicht alle Rebsorten vertragen sich mit Eiche, aber Chardonnay ist dafür prädestiniert.

Danach wird der Wein in einen Tank gepumpt und wie beschrieben stabilisiert, geschönt (siehe Seite 161), filtriert und abgefüllt.

Die Art und Größe des vom Weinmacher gewählten Eichenfasses haben einen enormen Einfluss auf den Geschmack des Weins. Neue Fässer geben mehr Eichengeschmack ab als alte, kleinere mehr als große, amerikanische Eiche schmeckt vordergründiger als französische. Eichenhölzer aus einem Wald unterscheiden sich vom gleichen Holz aus einem anderen Wald (siehe Seite 160–161).

Eichenfässer sind teuer, und viele preiswerte Weißweine mit Holznote haben nie ein Eichenfass von innen gesehen. Die einfache Lösung: Man gibt Späne oder Lamellen aus Eichenholz zu dem gärenden trockenen Weißwein im Stahltank, und schon hat er die begehrte Holznote. Die ist zwar nicht so komplex wie nach der Fasslagerung, doch für Liebhaber von Weißweinen mit Buttertoast-Aromen eine kostengünstige Alternative.

Die persönliche Note

Genau wie ein großer Koch einem klassischen Rezept seine persönliche Note gibt, haben auch viele Weinmacher eine eigene Handschrift. Die Individualität eines Weins resultiert aus den Fähigkeiten und der Intuition des Weinmachers. Die Auswahl der Hefen und der Gärverlauf (Temperatur und Dauer) bestimmen ebenso wie die Entscheidung für Stahltanks oder Holzfass den Charakter des Weins.

Auch über die malolaktische Gärung, kurz Malo, wird heftig debattiert. Fast alle Rot- und immer mehr Weißweine durchlaufen diese zweite Gärung. Durch biologischen Säureabbau wird die scharfe, harte Apfelsäure in die weichere Milchsäure umgewandelt. Das kann spontan und von alleine geschehen, die meisten Weinmacher verlassen sich jedoch nicht darauf und leiten sie gezielt durch Erhöhung der Temperatur oder durch Impfung mit Milchsäurebakterien ein, oder sie machen beides. Der Wein wird stabilisiert und schmeckt zudem voller, weicher und komplexer. Zu viel des Guten, und der Wein versinkt im Buttergeschmack. Oft wird nur ein Teil eines herben, trockenen Weins der Malo unterzogen, um die Gesamtmenge etwas weicher zu machen. In Eiche vergorene und gelagerte Weißweine durchlaufen meistens diese Behandlung, daher ihre charakteristische sahnige, weiche Butternote.

Und da wäre noch der Hefesatz (in der Fachsprache *Geläger*), der sich am Boden sammelt. Durch häufiges Aufrühren des Sediments verhilft der Weinmacher dem Wein zu mehr Komplexität, denn es werden zusätzliche Aromen aus den Hefen aufgenommen. Leichtere Weine zieht man bald von ihrer Hefe ab, vollere, im Holzfass reifende Weine bleiben länger auf ihrem Hefesatz. Rotweine lagern fast immer auf ihren Hefesedimenten.

Und das war's dann schon.

unten Bis hin zur Abfüllung hat Sauberkeit bei der Weinbereitung höchste Priorität.

Weinbereitung: Rotwein

Zu den schwersten Arbeiten bei der Rotweinbereitung gehört das Ausräumen der Tresterrückstände aus den Fässern nach der Gärung. Die von Kopf bis Fuß mit Schalenresten verschmutzten und vom Wein durchnässten Arbeiter sind nicht zu beneiden. Die Herstellung von Rotwein ist zweifellos anstrengender als die von Weißwein.

Worin liegt der große Unterschied? Ganz einfach: in der Schale oder Haut der Beeren. Wenn man rote Trauben auspresst, erhält man einen hellen Saft und daraus einen weißen Wein. Vergärt man aber den Saft zusammen mit den Schalen, bilden sich Farbe und Aromen. Theoretisch ganz einfach, doch in der Praxis sind die Fähigkeiten des Weinmachers gefordert.

Zunächst kommen die frisch geernteten Traubenbündel in die Traubenmühle, wo die Beeren aufgebrochen werden. Abhängig davon, welcher Weinstil angestrebt wird und wie viel Tannin nötig ist, lässt man die Stiele in der Maische oder entfernt sie gleich. Man muss aufpassen, denn sie können unerwünschte Aromen und Bitterstoffe übertragen.

Die gemahlenen Trauben kommen direkt in die Gärbehälter. Wilde oder gezüchtete Hefen lösen die Gärung aus, die vier Wochen und länger dauern kann. Rotwein wird bei 18–35 °C vergoren, deutlich wärmer als Weißwein. Je höher die Temperatur, umso mehr Farbstoffe und Tannine werden extrahiert. In kühleren Anbaugebieten wird die Maische sogar manchmal erhitzt, um Farbe, Aroma und Tannin zu verstärken. Es gibt auch Ausnahmen wie den Beaujolais, der durch Kohlensäuremaischung (*macération carbonique*) entsteht. Dabei findet mit Hilfe von Kohlensäure, aber ohne Mitwirkung von Hefe im Innern der unverletzten, ganzen Beeren ein Gärprozess statt. Diese Weine sind jung trinkbar und zeichnen sich durch ihre betont fruchtigen Aromen (Himbeere) und den typischen Bonbonton aus. Einige Produzenten hochwertiger Rotweine, speziell von Pinot Noir, lassen die Trauben zuammen mit den Stielen in einem offenen Bottich gären. Der Wein bekommt mehr Struktur und Komplexität, wenn der aufsteigende Tresterhut (Schalen und Stiele) immer wieder untergemischt wird. Dazu wird er ein- oder zweimal täglich von Hand nach unten gedrückt. Einfacher ist es, Wein darüber zu pumpen oder den Hut mit einem Gitter niederzuhalten.

oben Für den ungewöhnlichen Recioto della Valpolicalla Amarone lässt man die Trauben vor dem Vergären trocknen und schrumpfen.

Nach Abschluss der Gärung wird der junge Wein abgezogen, die am Boden ver-

links Die Gärung in offenen Bottichen hat manche Befürworter, doch für den Weinmacher bedeutet sie harte Arbeit.

bleibende Maische presst man je nach gewünschtem Extraktionsgrad aus und füllt alles in Fässer.

In Europa belassen viele Weinbauern den jungen Wein noch einige Tage oder Wochen im Gärbottich. Der Alkohol des vergorenen Weins soll dabei noch etwas mehr Farbstoff aus den Beerenschalen lösen. In heißeren Klimazonen könnten die Weine bei dieser Vorgehensweise zu viel Tannin aufnehmen. Viele Weinmacher trennen deshalb bereits vor dem Ende der Gärung den Saft von den Schalen und lassen ihn in Fässern weitergären (Fassgärung). In Australien ist das weit verbreitet: Die Weine haben einen süßlichen Röstgeruch.

Die Bedeutung der Eiche

Neben den Trauben ist Eichenholz der zweitwichtigste Bestandteil bei der Weinbereitung. Stolz präsentieren die Winzer ihre Eichenfässer, die ihren Weinen Wert und Gewicht verleihen. Die meisten sehen in Holz ein fast magisches Element: Es gibt unterschiedliche Aromen, Farbe und Tannin an den Wein ab. Holzfässer sind kostspielig, und manche Küfer (Fassmacher) und begehrte Holzarten sind besonders teuer.

Französische Eichenfässer (Barriques) haben den besten Ruf und den höchsten Preis, doch mittlerweile gibt es günstigere Anbieter, beispielsweise aus Ungarn oder Amerika. Die meisten Weine werden in den billigeren Edelstahltanks gemacht und nur ein Bruchteil aller Weine in Holz. Aber fast alle Spitzenweine der Welt sind im Eichenfass gereift.

Warum Eiche? Für größere Bottiche hat man andere Hölzer wie Kiefer, Kastanie oder Redwood verarbeitet, doch für kleine Fässer (etwa 225 Liter) eignet sich Eiche am besten. Das Holz ist stabil, wasserdicht und doch formbar. Und es verbindet sich in besonderer Weise mit dem Wein.

Jetzt stellt sich die Frage, wo und wie die Eichen gewachsen sind. Ideal sind Bäume von 80–100 Jahren. Die Küfer unterscheiden zwischen besonders für Wein geeigneten feinfaserigen Eichen aus langsam wachsenden, dicht gepflanzten Wäldern und grobporigen, poröseren Eichen, wie sie für Branntwein verwendet werden. Von Weinmachern besonders begehrt ist französisches Eichenholz aus Nevers und Allier an

unten Eine wichtige Entscheidung bei der Weinbereitung ist die Auswahl des Eichenholzes – Eiche aus Frankreich gilt als die beste.

der oberen Loire oder aus den Vogesen im Elsass. Achten Sie demnächst bei Kellerbesichtigungen auf die Markierungen der Fässer.

Auch amerikanische Eiche ist gefragt. In den USA werden weltweit die größten Eichenwälder bewirtschaftet. Amerikanische Eiche hat mehr Kraft als französische und verleiht den Weinen ein süßliches Vanillearoma. Man verwendet sie in Nord- und Südamerika, in Spanien – das schon lange amerikanische Fässer importiert – und in Australien vorwiegend für Rotwein, doch sie harmoniert auch mit Chardonnays aus warmen Ländern.

Die beim Toasten (Ausflammen) der Fassinnenseite entstehenden Röststoffe geben dem Wein weitere Aromen. Leicht getoastetes Holz vermittelt dem Wein mehr Eichenaroma und Tannin als mittelstark geröstetes. Wein, der in stark getoasteten Fässern gelagert wird, nimmt ein typisches Karamellaroma an.

Je frischer ein Fass, umso mehr Eichenaroma und Tannin gibt es an den Wein ab. Neue Fässer sind am teuersten. Nach der dritten Befüllung hat ein Fass fast alle Aromen abgegeben.

Rotwein liegt wesentlich länger auf Eiche als Weißwein. Gewöhnlich sind es neun bis achtzehn Monate, je nachdem wie der Weinmacher sich Körper und Struktur vorstellt. Leichte Rotweine zum sofortigen Konsum sind natürlich eine Ausnahme, sie bleiben im Edelstahltank.

Weinbereitung: Roséwein

Falls Sie es noch nicht wussten, Roséwein wird wie Weißwein gemacht. Fast, denn der Saft bekommt durch kurzes Ruhen auf den Schalen vor dem Abpressen eine leichte Färbung. Oder man zieht, kurz nachdem die Gärung begonnen hat, Saft von einer Rotweinmaische ab.

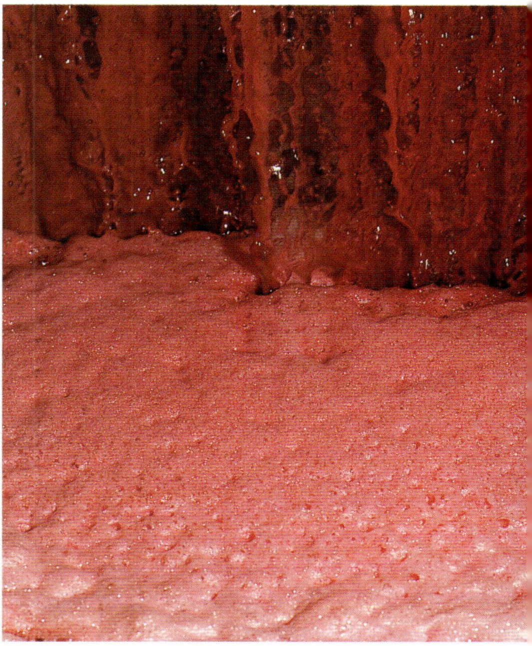

oben In offenen Gärbottichen wird der Saft regelmäßig über den Tresterhut gepumpt.

Verschneiden, Schönen und Filtrieren

Fast alle Rot- und viele Weißweine sind verschnitten. Weine aus verschiedenen Lagen, aus verschiedenen Klonen einer Rebsorte, die im selben Weinberg wachsen, oder zwei unterschiedlich vinifizierte Teile eines Weins können gemischt werden. Häufig ist auch eine *cuvée* aus verschiedenen Rebsorten: Chardonnay mit Sémillon oder Cabernet Sauvignon mit Merlot und Malbec. Durch die Mischung bestimmt der Weinmacher den Weinstil.

Vor der Abfüllung wird der Wein geschönt und filtriert, um den Wein zu stabilisieren, ihn vor Bakterien zu schützen und unerwünschten Ablagerungen in der Flasche vorzubeugen. Einige Winzer lehnen dies strikt ab, da dem Wein dabei zu viel Charakter genommen wird.

Weinbereitung: Schaumwein

links Krug ist das einzige Champagner-Haus, in dem die Grundweine noch in kleinen Holzfässern vergoren werden.

In jedem Wein produzierenden Land der Welt wird auch Schaumwein produziert, mit ganz unterschiedlichen Verfahren.

Das klassische Verfahren

Das klassische und beste Verfahren heißt *méthode traditionelle*. So macht man Champagner, Cava, Crémant, Blanquette de Limoux, gute Schaumweine aus der Neuen Welt, italienischen Spumante und einige deutsche Sekte. Ganze Trauben werden sanft gepresst und zu einem trockenen Weißwein vergoren. Dieser Basiswein wird mit anderen, älteren Weinen zu einem in Säure, Länge und Komplexität ausgewogenen Grundwein verschnitten. Nach dem Zusatz von etwas Zucker und Hefe wird er auf Flasche gefüllt. In einem kühlen Keller findet in den Flaschen die zweite Gärung (mindestens 18 Monate lang) statt.

Die Flaschen werden mit dem Hals nach unten in spezielle Rüttelpulte (*pupitres*) gesteckt. Einen Monat lang werden sie vom Rüttler (*remueur*) täglich etwas gedreht, damit sich der Hefesatz am Ende des Flaschenhalses sammelt. Heute übernehmen das meistens spezielle Maschinen (*gyropalettes*), einige traditionelle Champagner-Häuser führen das Rütteln jedoch immer noch von Hand durch.

Anschließend taucht man die Flaschenhälse in ein Kältebad, und das Sediment gefriert zu einem Pfropf. Beim Entfernen des Korks schießt dieser Pfropf dann aus der Flasche. Mit der Versanddosage (in Grundwein gelöster Zucker) wird die Flasche wieder aufgefüllt, verkorkt und mit Draht gesichert. Vor dem Verkauf müssen die Weine noch einige Monate ruhen.

Transvasier-Verfahren

Das zweitbeste Verfahren nach der *méthode traditionelle* für die Herstellung von Qualitätsschaumwein. Die zweite Gärung findet in der Flasche statt, jedoch ohne diese zu rütteln. In einem Drucktank erfolgen dann Filtration, Dosage und die endgültige Flaschenabfüllung.

Charmat-Verfahren

Dieses Verfahren (auch als Cuve-Close-Verfahren oder Großraumgärung bekannt) ist preiswert und gängig bei einfachen französischen, spanischen und deutschen Sekten sowie Asti Spumante. Der Grundwein wird in Stahltanks einer temperaturkontrollierten zweiten Gärung unterzogen und nach Dosage und Filtration versandfertig abgefüllt.

oben Durch Rütteln und Drehen in den *pupitres* sammelt sich der Hefesatz in den Flaschenhälsen.

Imprägnier-Verfahren

Wie bei der Limonadenherstellung wird der Grundwein in einem Tank mit Kohlensäure imprägniert und unter Druck abgefüllt. Der einfachste Weg zum „Schaumwein". Die Perlfähigkeit dieser Schaumweine ist gering: Die Perlen sind grob und verflüchtigen sich rasch.

Der Champagner-Effekt

Warum ist die *méthode traditionelle* die beste? Bei ihr entfalten sich die Traubenaromen einfach am besten. Alle Rebsorten wären möglich, doch viele Produzenten greifen zu der in der Champagne üblichen Mischung aus Chardonnay, Pinot Noir und Pinot Meunier. Bestens geeignet sind säurebetonte, zurückhaltende Grundweine, wie sie in kühleren Klimazonen wachsen. Manchmal werden Chardonnay und Pinot Noir nicht als Verschnitt, sondern rebsortenrein versektet. Ein reiner Chardonnay wird als Blanc de Blancs, reiner Pinot Noir als Blanc de Noirs bezeichnet.

Ganz entscheidend ist der Verschnitt der stillen Grundweine (bis zu 40 verschiedene) zu einer *cuvée*. Es bedarf großer Erfahrung, um aus dieser Mischung auf den endgültigen Geschmack zu schließen.

Warum ist Champagner viel teurer als stiller Wein? Zum einen haben es die französischen Champagner-Produzenten verstanden, ihrem Getränk das Image des Besonderen, des Extravaganten zu geben. Zum anderen ist die Champagner-Herstellung tatsächlich teurer und sehr viel zeitaufwändiger.

Weinbereitung: Süßwein

Einige der besten Weine der Welt sind Süßweine, wie der hoch gepriesene, aber auch hochpreisige Château d'Yquem, den die wenigsten je verkosten werden. Bietet man einen süßen Wein an, löst das fast sicher negative Reaktionen aus. Diese Abneigung hat viel mit dem schlechten Image der Süßweine zu tun, denn sehr viele von ihnen sind tatsächlich ungenießbar. Den meisten fehlt die Säure, die den Restzucker ausbalanciert. Auch das Schwefeldioxid trifft eine Mitschuld: Die Weinmacher setzten in vergangener Zeit das gaumenreizende Mittel großzügig zum Abstoppen der Hefeaktivitäten ein, und manche tun es noch heute. Ein guter Süßwein sollte ausgewogen und aus spät gelesenen Trauben gemacht sein, mit der natürlichen Süße vollreifer Früchte.

Die Besten

Nur die Botrytis cinerea, die die Edelfäule verursacht, führt zu edler Süße. Bei feuchtwarmem Wetter befällt dieser Schimmelpilz die reifen Trauben und bewirkt die Verdunstung des Wassers, wodurch der Zucker- und Säuregehalt der Beeren sehr stark ansteigt. Gleichzeitig bilden sich Glyzerin (ölig süßer Geschmack) und zusätzliche neue Aromen. Doch die Sache ist nicht so einfach. Befällt er unreife Trauben oder ist das Wetter zu feucht, verfaulen die Beeren am Stock. Ideal ist feucht-nebliges Klima am Morgen und sonnig-warmes am Nachmittag, sonst bleibt die Ausbeute gering. Die edelfaulen Trauben oder Beeren müssen von Hand gelesen werden, und weil sie nicht gleichzeitig erntereif sind, erfordert es zahlreiche Lesedurchgänge.

Die Trauben werden gemahlen, gepresst und nach Hefezugabe langsam vergoren. Danach ruht der Wein einige Monate in Stahltanks oder Eichenfässern, bevor er stabilisiert, geschönt, filtriert und schließlich abgefüllt wird.

Die besten edelsüßen Weine kommen aus Sauternes und in guten Jahren aus Monbazillac bei Bergerac, aus dem Elsass (*Sélection de grains nobles*), Deutschland (Beeren- und Trockenbeerenauslese), dem Burgenland in Österreich und Tokaj in Ungarn. Fast alle Weinländer bieten solche Spezialitäten an. In einigen Ländern, vor allem in Kalifornien, imitiert man die Natur und besprüht die geernteten Trauben mit Pilzsporen. Auch solche „edelfaulen" Weine können beeindruckend sein.

Andere Süßweine

Einige Süßweine verdanken ihre Süße den überreifen, spät gelesenen Trauben. Meist sind sie aus fruchtbetonten Rebsorten wie Riesling gemacht.

Der Most wird im Stahltank zur Gärung gebracht. Bevor der Wein ganz durchgegoren und sämtlicher Zucker in Alkohol umgewandelt ist, wird die Gärung durch starkes Abkühlen gestoppt. Nach Stabilisieren, Schönen und Filtrieren wird abgefüllt. Süßer Jurançon wird so gemacht, ebenso der billigere Sauternes und andere süße Weine aus Südwestfrankreich wie auch nichttrockene deutsche Spät- und Auslesen.

Auch in Trauben, die auf Matten ausgebreitet und manchmal sogar direkt in der Sonne getrocknet werden, konzentriert sich der Zucker. Diese Methode ist in Norditalien weit verbreitet bei Weinen wie dem Recioto oder dem trockenen Amarone.

Ganz besonders vorzüglich ist Eiswein. Die am Stock gefrorenen Trauben liefern beim Auspressen einen dicken zuckerreichen Saft, während das Wasser in Form von Eiskristallen zurückbleibt. Bei idealem Wetter kommen gute Eisweine aus Österreich, Deutschland und Kanada. In wärmeren Regionen wird der Eiswein mit Trauben imitiert, die nach der Lese tiefgefroren werden.

oben Trebbiano- und Malvasia-Trauben beim Trocknen, um ihren Zuckergehalt zu erhöhen.

linke Seite Für den Château d'Yquem werden die edelfaulen Trauben von Hand gelesen, denn sie reifen nicht gleichzeitig.

Weinbereitung: Likörwein

links Tawny Port muss vor dem Verschneiden und Abfüllen jahrelang in Fässern reifen.

Sherry und andere Likörweine hatten es zeitweilig schwer, außerhalb einer treuen Anhängerschaft ernst genommen zu werden. Oft haftete ihnen das Image an, ein altmodisches Getränk zu sein. Doch das ändert sich, und immer mehr Weintrinker entdecken diese erstaunlichen Weine.

Likörwein bezeichnet man auch als gespriteten Wein. Man setzt dem Ausgangswein Alkohol zu, um die Gärhefen abzutöten und ihn alkoholhaltiger zu machen. Geschieht dies, bevor der Wein völlig durchgegoren ist, schmeckt der gespritete Wein durch den verbliebenen Restzucker süß. Ein durchgegorener Wein wird alkoholischer, bleibt aber trocken. Wie man dann verfährt, hängt von Stil und Herkunft des Likörweins ab: Portwein, Madeira, Marsala, Málaga, australischer Liqueur Muscat oder Sherry. Schauen wir uns zwei klassische Vertreter dieser Weinart an.

Portwein

Das heiße, trockene Douro-Tal im Norden Portugals ist einzigartig. Aus den hier gereiften dickschaligen roten Trauben, etwa der Sorte Touriga Nacional, werden in vielen Varianten dunkle, süße und starke Weine erzeugt. Grundlegend unterscheidet man auf Flasche und im Fass gereifte Portweine. Innerhalb dieser beiden Kategorien gibt es die verschiedensten Stile.

Für Vintage Port lässt man den Wein zunächst ganz normal gären. Ist der gewünschte Zuckergehalt erreicht, wird die Gärung durch Zugabe hochprozentigen Alkohols abgestoppt. Dieser süße, alkoholreiche Wein lagert anschließend zwei Jahre im Eichenfass. Dann wird er auf Flasche gefüllt und braucht mindestens weitere zehn Jahre bis zur Trinkreife.

Aged Tawny Port dagegen wird ausgereift auf Flasche gefüllt. Nach sechs oder mehr Jahren im Fass hat er eine gelbbraune Farbe (in Englisch *tawny*) angenommen. Er wird mit anderen Jahrgängen verschnitten und abgefüllt.

Auch in anderen heißen Weinbauländern, wie Australien, Südafrika und Kalifornien, haben sich Winzer an Weine im Stil des Port versucht. Die wenigsten setzen dabei auf die klassischen Portwein-Reben. Am nächsten kommen ihm Banyuls und Maury aus dem Roussillon in Südfrankreich.

Sherry

Es gibt zwei Sherry-Grundtypen: zum einen Fino und Manzanilla, beide blasshell und delikat, zum anderen die dunklen, nussigen Amontillado und Oloroso.

Die Sherry-Region in Südspanien direkt gegenüber der nordafrikanischen Küste gehört zu den heißesten Anbaugebieten für edle Weine. Sherry wird geprägt von der Rebsorte Palomino und natürlichen Hefen, die die Flor-Schicht im Fino-Fass bilden. Diese Florhefen geben dem Wein den ungewöhnlichen Geschmack. Bei den im Seeklima gereiften Manzanillas aus Sanlúcar de Barrameda ist er besonders ausgeprägt.

Bei einem Oloroso läuft zunächst alles wie bei den knochentrockenen Sherrys, allerdings wird er vor dem Umfüllen ins Fass stärker gespritet (18-prozentiger Alkohol). Ein Flor kann sich nicht entwickeln, dafür entstehen durch Oxidation während der mehrjährigen Lagerung eine tief-dunkelbraune Farbe und konzentrierte würzige Holzaromen. In diesem Stadium ist der Oloroso völlig trocken. Teilweise wird er auch so verkauft, der Großteil wird durch Zugabe von eingedicktem Traubensaft zu süßem Cream-Sherry.

Ganz wichtig bei der Sherry-Produktion ist das Solera-System, das inzwischen weltweit für viele Likörweine eingesetzt wird. Durch dieses Verschnittsystem erzielen die Produzenten ein gleich bleibendes Produkt. In pyramidenförmig übereinander gestapelten Fässern lagern in der untersten Schicht die ältesten, in der obersten die jüngsten Weine. Einmal im Jahr wird ein Teil des ältesten Weins auf Flasche gefüllt. Die entnommene Menge ersetzt man durch Wein der nächsthöheren Lage. Ganz oben wird frischer Wein aufgefüllt. Auch der Madeira reift nach der Wärmebehandlung auf heißen, feuchten Dachböden in solchen Solera-Fässern.

unten Likörweine haben ihr schlechtes Image abgeschüttelt. Port und Sherry sind Klassiker unter vielen aufregenden Weinen.

Wein und Gesundheit

Wein ist gesund, speziell Rotwein. Wenn das keine gute Nachricht ist! Wissenschaftler haben dies im Verlauf der letzten zehn Jahre wiederholt publiziert. Wein wird schon lange getrunken, warum erst jetzt diese Erkenntnis?

Die Prohibition in den USA bewirkte im letzten Jahrhundert entsprechende Untersuchungen. Das Ergebnis: Moderater Genuss von Rotwein kann der Vorbeugung von Herzerkrankungen dienen. Man nannte es das French Paradoxon, denn die Franzosen lassen sich fette Speisen und Wein schmecken, ohne negative Auswirkungen auf ihre Gesundheit. Als ein das Risiko von Herzkrankheiten verringernder Faktor wurde Rotwein genannt. Nachdem das amerikanische Fernsehen darüber 1991 berichtet hatte, gingen die Rotweinumsätze zunächst in den USA, dann auch in Asien rasant in die Höhe.

Heute hat man viele Belege dafür, dass moderate Weintrinker seltener koronare Herzerkrankungen (häufigste Todesursache in der westlichen Welt) entwickeln und daran sterben als völlig Abstinente oder starke Trinker.

Wie Wein hilft

Alkohol wirkt auf Inhaltsstoffe des Blutes, die die Cholesterinbildung und Gerinnungsfähigkeit steuern. Durch moderaten Alkoholkonsum verbessert sich das Verhältnis zwischen gesättigten und ungesättigten Fettsäuren. Alkohol ist aber nicht der einzige Faktor. Vor allem die in Rotwein viel stärker als in Weißem enthaltenen Phenole (Farbpigmente und Tannine) besitzen antioxidative Eigenschaften. Durch diese antioxidative Wirkung seiner Inhaltsstoffe soll Wein zum Schutz vor Herzkrankheiten beitragen, ein endgültiger Beweis fehlt noch.

Wie viel ist moderat?

Zu viel, und es kommt zu Leberschäden, man wird abhängig, verursacht Unfälle und Hirnzellen sterben ab. Zwischen Alkoholmissbrauch und Schlaganfall, Bluthochdruck, Krebs, Unfruchtbarkeit und vielem mehr besteht ein Zusammenhang.

Aber in Maßen genossen, hebt er die Stimmung, regt Appetit und Verdauung an, schützt vor Herzerkrankungen und senkt den Blutdruck. Wein unterstützt sogar eine Diät – Mittelmeerdiät natürlich.

Verwirrend ist aber, dass die einzelnen Länder recht unterschiedliche Empfehlungen hinsichtlich der angemessenen und verträglichen Dosis abgeben. Die amerikanische Vorgabe geht von einer „Einheit“ von 14 g aus, die britische nur von 8 g und die australische von 10 g. Für Frauen werden pro Woche 14 und für Männer 21 Einheiten als vernünftig angesehen. Die Franzosen empfehlen für Männer maximal 60 g Alkohol pro Tag. Die deutschen Richtgrößen von 20 g bei Frauen und 30 g bei Männern entsprechen 0,25 Liter und 0,4 Liter Wein pro Tag. Regelmäßiger Weingenuss ist besser als das Hinunterkippen einer „aufgesparten“ Wochenration, die das Infarktrisiko sogar erhöht.

Das als grober Anhaltspunkt, denn Alter und Gesamtkonstitution müssen auch bedacht werden. Vertrauen wir dem gesunden Menschenverstand – das wussten schon die alten Griechen.

unten Vernünftig und in Maßen genossen, fördert Wein sogar die Gesundheit. Der Alkohol senkt den Cholesterinspiegel im Blut und die Antioxidanzien im Rotwein können vor Herzerkrankungen schützen.

Glossar

Abgang
Nachgeschmack eines Weins auf der Zunge. Er sollte möglichst lang anhalten. Der Abgang ist ein Kriterium für die Qualität des Weins.

Alte Reben
Je älter die Rebstöcke, umso besser der daraus gewonnene Wein. Die Qualität steigt, die Quantität nimmt dagegen ab.

Alte Welt
Traditionelle europäische Weinländer, wie Frankreich, Spanien, Italien, Deutschland und andere. Die Weinbereitung erfolgt hier vielfach nach bewährten traditionellen Verfahren.

Anreichern
Zuckerzugabe bei der Gärung, um den Alkoholgehalt des Weins zu erhöhen.

Appellation (frz.)
Ein geografisch definiertes Weinanbaugebiet. Das französische System der *Appellation d'origine contrôlée* (AOC) garantiert die Herkunft und Machart eines Weins. Rebsorten, An- und Ausbaumethoden sind für jede Appellation genau festgelegt.

Ausbau
Alle Arbeiten im Weinkeller von der Gärung bis zur späteren Abfüllung des Weins.

Bag-in-Box (engl.)
Wörtlich *Sack-im-Kasten*. Verpackungsform für Massenwein in Australien und Neuseeland. Der Wein wird in einen Sack aus Plastik oder Aluminium mit einem Ausgussventil gefüllt. Der Sack ist in einem Karton verpackt.

Blend (engl.)
Siehe *cuvée*.

Bodensatz
Ablagerung von abgestorbenen Hefezellen, von Schalenteilen, Kernen und Stielen am Boden eines Tanks oder Fasses bei der Weinbereitung. Hefesediment aus der zweiten Gärung bei Schaumweinen.

Botrytis (Edelfäule)
Die Botrytis cinerea ist ein Pilz, der bei feuchtkalter Witterung die unreifen Trauben befällt. Die sich dadurch entwickelnde Edelfäule lässt die Trauben schrumpfen und konzentriert ihren Zuckergehalt und die Aromen.

Chaptalisation (frz.)
Siehe Anreichern.

Cru (frz.)
Gewächs. Cru bezeichnet eine Lage und den von ihr stammenden Wein.

Cru classé (klassifiziertes Gewächs)
Weinberg, Gut oder Château des Klassifizierungssystems in Bordeaux. 1855 erhielten 61 Weine aus dem Médoc (und einer aus den Graves) den Status eines *Cru classé*. Es gibt fünf Rangstufen. Seitdem wurden nur einige wenige Weine neu aufgenommen.

Cuvée (frz.)
Verschnitt (engl. *blend*) von Weinen verschiedener Jahrgänge, Lagen oder Rebsorten und deren Abfüllung.

Domaine (frz.)
Weingut, vor allem in Burgund.

Dosage (frz.)
Zugabe einer süßen Weinmischung zu Schaumwein nach dem Champagner-Verfahren, um die Flasche aufzufüllen und den Süßegrad zu bestimmen.

Edelfäule
Siehe Botrytis.

En primeur (frz.)
Fachbegriff des Weinhandels für Verkauf von Weinen vor der Abfüllung; üblich in Bordeaux.

Ertrag
Wichtige Größe für die Qualität eines Weins. Je weniger Trauben ein Rebstock trägt, umso gehaltvoller wird der Wein daraus sein.

Erzeugerabfüllung
Weine, deren Trauben aus dem Rebenbesitz des Weinguts stammen, das auf dem Etikett angegeben ist.

Flaschengärung
Methode bei der Schaumweinherstellung, insbesondere beim Champagner. Die zweite Gärung erfolgt in der Flasche (frz. *méthode champenoise*). Alle bedeutenderen Schaumweine werden nach diesem Verfahren hergestellt.

Flying winemaker (engl.)
Önologe, der weltweit als hoch qualifizierter Berater von Weingütern engagiert wird.

Gespritete Weine
Weine, deren tatsächlicher Alkoholgehalt nicht das ausschließliche Ergebnis der Gärung ist, sondern durch Zusatz von Alkohol künstlich erhöht wurde, so beim Portwein, Sherry, Madeira, Marsala.

Hybriden
Kreuzung aus amerikanischen Reben und der europäischen Vitis vinifera.

Kellereiabfüllung
Weine, deren Trauben im Gegensatz zur Erzeugerabfüllung weder vom Abfüller geerntet noch ausgebaut wurden.

Klon
Rebe, die Nachkomme einer genetisch gleichen Mutterpflanze ist.

Korkig
Der dumpf-modrige Geruch eines schlechten Korkens, der sich auf den Wein überträgt und ihn verdirbt (Korkschmecker).

Macération carbonique (frz.)
Unverletzte rote Trauben werden im Ganzen vergoren. So erhält man fruchtige, früh trinkreife Weine, wie etwa den französischen Beaujolais aus der Sorte Gamay.

Maische
Brei aus Traubenschalen, Kernen und Stielen, der entsteht, nachdem die Trauben in der Traubenmühle gemahlen wurden.

Malolaktische Gärung
In frischem vergorenem Wein wird dadurch die scharfe Apfelsäure in die weichere Milchsäure umgewandelt. Meist leitet der Weinmacher diese zweite Gärung gezielt ein, sie kann auch spontan einsetzen.

Most
Noch nicht vergorener oder gerade in Gärung befindlicher Traubensaft.

Mousseux (frz.)
Schäumend. Bezeichnet die Perlfähigkeit des Schaumweins. Bei gutem Schaumwein sollte sich im Glas ein Kranz möglichst feiner und lang anhaltender Perlen bilden.

Négociant (frz.)
Weinhändler, der Trauben oder Weine von den Erzeugern aufkauft und sie nach Reifung (manchmal auch Verschnitt) abfüllt und verkauft.

Neue Welt
Jedes Weinland außerhalb Europas. Kennzeichnend ist die aufgeschlossene Einstellung der Weinproduzenten zum Einsatz neuer Techniken und Verfahren.

Önologe
Weinwissenschaftler.

Oxidation
Wein wird beim Kontakt mit Luft braun und schal, schließlich zu Essig. Eine kontrollierte Oxidation, wie etwa bei der Herstellung von Sherry, kann ihm mehr Komplexität verleihen.

Phylloxera (Reblaus)
Dieser Wurzelschädling ist die Geißel der Weinwelt. Ende des 19. Jahrhunderts wütete die Reblaus unter anderem in ganz Europa. Heute verwendet man Pfropfreben mit widerstandsfähigeren amerikanischen Wurzelstöcken.

Primeur
Bezeichnung für Weine, die schon kurze Zeit nach der Ernte in den Verkauf gelangen dürfen (auch Nouveau).

Restzucker
Bei der Gärung nicht in Alkohol umgewandelter Zucker ergibt die natürliche Restsüße des Weins.

Säure
Weintrauben enthalten natürliche Säure. Zu viel Säure im Wein führt jedoch zu scharfem, zu wenig Säure zu fadem und schalem Geschmack.

Schönen und Filtrieren
Die Kunden bevorzugen klare Weine, störende Trübstoffe müssen deshalb entfernt werden. Schönungsmittel binden diese Partikel und setzen sich mit ihnen am Boden ab. Gängige Schönungsmittel sind Eiweiß, Bentonit, Gelatine oder getrocknete Hausenblase. Der geklärte Wein wird dann vom Bodensatz abgezogen und filtriert.

Schwefel(dioxid)
Dient zum Sterilisieren der Gärtanks, schützt frische Trauben und Weine vor Oxidation und kann zum Abstoppen oder Hinauszögern der Gärung eingesetzt werden.

Sommelier, Sommelière
Bezeichnung für Weinkellner oder Weinkellnerin.

Spätlese
Spät gelesene Trauben enthalten mehr Zucker und Aromastoffe; die Weine sind meist süß.

Sur lie (frz.)
Französische Bezeichnung für Weine, die länger auf dem Hefesatz gelagert wurden und dadurch besonders spritzig sind.

Tannin
Der Gerbstoff Tannin aus den Beerenschalen und Stielen löst im Mund ähnlich „pelzige" Empfindungen aus wie sehr starker schwarzer Tee. Rotweine sind tanninreich, wenn sie aus dickschaligen Trauben gemacht sind oder während der Gärung lange Kontakt mit der Maische oder den Stielen hatten. Auch Eichenfässer geben Tannin ab.

Terroir (frz.)
Gesamtheit der Wachstumsbedingungen einer Weinberglage: Boden, Klima, Drainage, Ausrichtung.

Varietal (engl.)
Rebsorte; oft für Wein aus einer einzigen Rebsorte.

Verschnitt
Mischung von Trauben oder Weinen verschiedener Sorten, um die positiven Eigenschaften der einzelnen Reb- oder Weinsorten hervorzuheben.

Vinifikation
Der Gärprozess, der aus Trauben Wein macht, vom Zeitpunkt der Traubenanlieferung bis zum Abfüllen auf Flaschen.

Vintage (engl.)
Jahrgang eines Weins; auch die Weinlese selbst.

Vitis
Pflanzengattung, zu der auch die Weinrebe zählt. Die für den Weinbau wichtigste Art ist die Vitis vinifera.

Weinbau
Anbau der Reben und Pflege des Weinbergs.

Weinstein
Kristalle, die sich auf dem Boden einer Weinflasche bei niedrigen Temperaturen absetzen. Der Weinstein entsteht durch Abbau von überschüssiger Säure im Wein. Die Qualität des Weins wird dadurch keineswegs beeinflusst.

Winemaker (engl.)
Weinmacher in der Neuen Welt, meist Kellertechniker mit önologischer Schulung.

Wurzelstock
Bewurzelter Teil der Rebpflanze, auf den die fruchttragenden Reiser gepfropft werden.

Zechwein
Unkomplizierte Weine zum Wegsüffeln. Einfach, fruchtig, preiswert – und (hoffentlich auch) verträglich.

Register

Danksagung

Unser besonderer Dank gilt Susan Low und St. Martin Vintners Ltd., Brighton, UK für ihre Unterstützung

Die Herausgeber bedanken sich bei Hanningtons, Brighton, UK für mannigfaltige Hilfe.

Bildnachweis:

CEPHAS Picture Library: 9, 10, 14, 15, 16, 17, 18, 20, 21 (oben links), 22, 23, 25, 26, 29, 30, 33, 37, 66, 72, 73 (oben & unten), 84, 85, 88, 91, 93, 94 (oben links), 95, 96, 97, 98 (oben & unten links), 99 (Mitte & unten links), 101 (oben & unten), 102 (oben & unten), 103 (oben & unten links), 105, 106 (oben), 107 (oben, Mitte and unten links), 109, 110 (oben), 111 (oben & unten links), 113, 114 (oben & unten), 115 (oben & unten links), 117 (oben & unten), 119 (oben & unten), 120 (oben & unten), 121, 122, 123, 125 (oben & unten), 126 (oben & unten), 127 (oben & unten links), 129 (oben), 130, 131 (oben & unten), 133 (oben & Mitte), 135, 136, 137, 139, 140 (unten), 141 (oben & unten), 143 (oben & unten), 145, 146, 148, 149 (oben & unten), 150, 151, 152, 153, 154, 155 (oben & unten), 156, 157, 158, 159, 160 (oben & unten), 161, 162, 163, 164, 165, 166

Image Bank 40, 41 (unten), 42, 64

Tony Stone 34, 45 (unten), 78, 169

Superstock 7, 168

Elizabeth Whiting Associates 87